I0564944

INSTITUT IMPÉRIAL DE FRANCE.

SÉANCE PUBLIQUE ANNUELLE

DE

L'ACADÉMIE

DES

INSCRIPTIONS ET BELLES-LETTRES,

DU VENDREDI 18 AOUT 1854,

Présidée par M. LENORMANT,

PRÉSIDENT.

PARIS,

TYPOGRAPHIE DE FIRMIN DIDOT FRÈRES,

IMPRIMEURS DE L'INSTITUT IMPÉRIAL, RUE JACOB, 56.

1854.

INSTITUT IMPÉRIAL DE FRANCE.

ACADÉMIE

DES

INSCRIPTIONS ET BELLES-LETTRES.

SÉANCE PUBLIQUE ANNUELLE

DU VENDREDI 18 AOÛT 1854,

Présidée par M. LENORMANT,

PRÉSIDENT.

I. ORDRE DES LECTURES.

1° Annonce, par M. le président, des prix décernés et des sujets de prix proposés.

2° Notice historique sur MM. Burnouf, père et fils, par M. le secrétaire perpétuel.

3° Rapport de la Commission des antiquités de la France sur les ouvrages envoyés au concours en 1854, par M. Berger de Xivrey.

I

4° Rapport, au nom de la commission de l'École française d'Athènes, sur les travaux des membres de cette École pendant l'année 1853-1854, par M. GUIGNIAUT.

II. JUGEMENT DES CONCOURS.

PRIX ORDINAIRES DE L'ACADÉMIE.

L'Académie avait proposé en 1852, pour sujet de prix à décerner en 1854, la question suivante :

Examiner toutes les inscriptions latines qui, jusqu'à la fin du Ve siècle de notre ère, portent des signes d'accentuation; comparer le résultat de ces recherches épigraphiques avec les règles concernant l'accentuation de la langue latine, règles données par Quintilien, par Priscien et d'autres grammairiens; consulter les travaux des philologues modernes sur le même sujet; enfin essayer d'établir une théorie complète de l'emploi de l'accent tonique dans la langue des Romains.

Il a été déposé au secrétariat deux mémoires, portant pour épigraphes :

Le n° 1,

L'accent appartient à ce qu'il y a de plus subtil et de plus indéfinissable dans l'imagination et dans le caractère national.

Madame DE STAEL.

Le n° 2,

In tenui labor, at tenuis non gloria : si me...

L'Académie décerne le prix à M. Raphaël GARRUCCI, Napolitain, auteur du mémoire inscrit sous le n° 2, qui, sans être complet, semble avoir rempli d'une manière satisfaisante la première partie de la question.

ANTIQUITÉS DE LA FRANCE.

L'Académie a décerné la première médaille à M. l'abbé COCHET, pour son ouvrage intitulé : *La Normandie souterraine, ou Notice sur des cimetières romains et des cimetières francs explorés en Normandie ;* 1 vol. in-8°.

La seconde médaille, à M. BOUTHORS, pour ses *Coutumes locales du bailliage d'Amiens, rédigées en 1507, publiées d'après les manuscrits originaux ;* 2 vol. in-4°.

La troisième médaille, à M. Alfred MAURY, pour son mémoire manuscrit sur *les Forêts de la France dans l'antiquité et au moyen âge : nouveaux essais sur leur topographie, leur histoire, et la législation qui les régissait.*

Rappel de médaille :

A M. AZÉMA DE MONTGRAVIER, pour son mémoire manuscrit intitulé : *Recherches sur quelques points de géographie ancienne dans la province d'Oran (Algérie).*

1.

Des mentions très-honorables sont accordées :

1° A M. d'Arbois de Jubainville, pour son ouvrage intitulé : *Pouillé du diocèse de Troyes, rédigé en* 1407, *publié pour la première fois, d'après une copie authentique de* 1535 ; 1 vol. in-8°.

2° A M. Rossignol, pour son *Histoire de la Bourgogne pendant la période monarchique. Conquête de la Bourgogne après la mort de Charles le Téméraire,* 1476-1483 ; 1 vol. in-8°.

3° A M. André Salmon, pour son *Recueil des chroniques de Touraine;* 1 vol. in-8°.

4° A M. A. H. Taillandier, pour son *Histoire du château et du bourg de Blandy-en-Brie ;* 1 vol. in-8°.

5° A M. Anatole de Barthélemy, pour ses *Mélanges historiques et archéologiques sur la Bretagne ; broch.* in-8°.

6° A M. H. Morin, pour la *Numismatique féodale du Dauphiné ;* 1 vol. in-4°.

7° A M. l'abbé Pascal, pour son ouvrage intitulé : *Gabalum Christianum, ou recherches historico-critiques sur l'église de Mende (ancien Gévaudan, aujourd'hui département de la Lozère).*

Des mentions honorables sont accordées aux auteurs dont les noms suivent, rangés dans l'ordre alphabétique :

1° A M. l'abbé Auber, pour ses *Recherches historiques et archéologiques sur l'église et la paroisse de Saint-Pierre-les-Églises, près Chauvigny-sur-Vienne ;* 1 vol. in-8°.

2° A M. Baudot, pour son *Rapport sur la colonne de Cussy ;* broch. in-4°.

(5)

3º A M. Aug. Bernard, pour son ouvrage intitulé : *De l'origine et des débuts de l'imprimerie en Europe;* 2 vol. in-8º.

4º A M. G. Boulangé, pour ses diverses brochures relatives aux *Antiquités du département de la Moselle.*

5º A M. Boutaric, pour son mémoire manuscrit intitulé : *Organisation judiciaire du Languedoc au moyen âge.*

6º A M. l'abbé Victor Chambeyron, pour son *Premier Essai sur Belleville, ou Recherches archéologiques et historiques au sujet de l'église de Notre-Dame de Belleville-sur-Saône;* broch. in-8º.

7º A M. Combes, pour son ouvrage intitulé : *L'abbé Suger, Histoire de son ministère et de sa régence;* 1 vol. in-8º.

8º A. M. Ch. Gomart, pour ses deux brochures intitulées : 1º *Le Château de Ham et ses prisonniers;* 2º *Notice sur l'origine du château de Ham.*

9º A M. Lecaron, pour son *Histoire* manuscrite *du commerce par eau de la ville de Paris, et de la corporation des marchands hansés ou municipalité parisienne.*

10º A M. Henri Lepage, pour ses deux ouvrages intitulés : 1º *Recherches sur l'industrie en Lorraine,* 1 vol. in-8 ; 2º *Quelques notes sur des peintres lorrains des XVᵉ, XVIᵉ et XVIIᵉ siècles;* broch. in-8º.

11º A M. Martin Daussigny, pour sa *Dissertation sur l'emplacement du temple d'Auguste au confluent du Rhône et de la Saône;* broch. in-8º.

12º A MM. Mignard et Lucien Coutant, pour leur ouvrage intitulé : *Découverte d'une ville gallo-romaine, dite Landunum. Examen des fouilles;* broch. in-4º.

13º A M. le comte de Soultrait, pour son *Essai sur la numismatique nivernaise;* 1 vol. in-8º.

PRIX FONDÉS PAR LE BARON GOBERT,

*Pour le travail le plus savant et le plus profond
sur l'histoire de France et les études qui s'y rattachent.*

L'Académie accorde le premier de ces prix à M. Ch.
Weiss, auteur de l'*Histoire des réfugiés protestants de France,
depuis la révocation de l'édit de Nantes jusqu'à nos jours;*
2 vol. in-12.

Et le second prix, à M. Francisque Michel, professeur
de littérature étrangère à la Faculté des lettres de Bordeaux,
auteur des *Recherches sur le commerce, la fabrication et
l'usage des étoffes de soie, d'or et d'argent et autres tissus
précieux en Occident, principalement en France, pendant le
moyen âge;* 2 vol. in-4°.

PRIX DE NUMISMATIQUE.

Le prix de numismatique, fondé par M. Allier de Hauteroche, n'a pas été décerné cette année.

III. SUJETS PROPOSÉS POUR LES CONCOURS DE 1855 ET 1856.

L'Académie rappelle qu'elle a remis au concours, pour
l'année 1855, les questions suivantes:

1° *Restituer, d'après les sources, la géographie ancienne de l'Inde, depuis les temps primitifs jusqu'à l'époque de l'invasion musulmane.*

2° *Quelles notions nouvelles ont apportées dans l'histoire de la sculpture chez les Grecs, depuis les temps les plus anciens jusqu'aux successeurs d'Alexandre, les monuments de tous genres, d'une date certaine ou appréciable, principalement ceux qui, depuis le commencement de ce siècle, ont été placés dans les musées de l'Europe ?*

Elle avait substitué en 1852, à la question des monarchies grecques de l'Orient, retirée momentanément du concours, la question suivante, objet d'un prix à décerner en 1854 :

Étudier l'état politique, la religion, les arts, les institutions de toute nature dans les satrapies de l'Asie Mineure sous les Perses et depuis, particulièrement dans les satrapies déjà héréditaires ou qui le devinrent après la conquête d'Alexandre, c'est-à-dire le Pont, la Cappadoce, la Lycie et la Carie.

Il a été déposé au secrétariat un seul mémoire, portant pour épigraphe Διὸς Λαβρανδου, dont plusieurs parties sont traitées avec beaucoup de savoir et d'habileté, mais qui ne donne pas tous les développements dont le sujet était susceptible.

L'Académie avait sans doute plus particulièrement appelé l'attention des concurrents sur la Carie, la Lycie, le Pont et la Cappadoce, mais elle n'avait pas exclu les autres pro-

vinces, et elle supposait que ce grand travail serait précédé
d'un tableau d'ensemble où seraient retracées à grands traits
les destinées de l'Asie Mineure, depuis la conquête de Cyrus
jusqu'à la conquête d'Alexandre. L'aperçu général donné
par l'auteur du mémoire a paru trop restreint. La partie
consacrée à la Carie laisse encore à désirer..... Les chapitres
qui concernent le Pont et la Cappadoce présentent de nombreuses lacunes, et l'auteur n'a pas tiré de Strabon tout ce
qu'il pouvait y puiser, surtout sous le rapport de l'organisation religieuse de ces contrées.

L'intelligence archéologique dont il a fait preuve en plusieurs parties de son mémoire fait regretter qu'il n'ait rien
dit des monuments de Midas existant dans la Phrygie, et
des inscriptions qui y sont gravées. Il n'est pas moins fâcheux
qu'il se soit tu entièrement sur la Lydie, la Mysie et la Bythi-
nie, où le gouvernement des satrapes présente de curieux
épisodes, que Xénophon et Plutarque nous ont fait connaître.

L'Académie proroge le concours jusqu'à l'année 1855.

Elle rappelle qu'elle a aussi proposé, pour le prix annuel
ordinaire qu'elle décernera en 1855, le sujet suivant :

*Faire l'histoire des biens communaux en France, depuis
leur origine jusqu'à la fin du XIIIe siècle.*

L'origine des biens communaux est un des points les plus
controversés de notre ancienne histoire ; aussi n'a-t-on jamais pu s'accorder sur la nature du droit qui appartient

aux habitants. Au lieu d'étudier la question en elle-même, on s'est décidé d'ordinaire suivant l'idée générale qu'on se faisait de la féodalité, de sa naissance et de son établissement. Tantôt on n'a reconnu aux communes qu'un simple droit d'usage, originairement concédé par la bienveillance du seigneur; tantôt, au contraire, on leur a attribué la propriété primitive, et on n'a vu dans ces seigneurs que des usurpateurs, abusant de leur juridiction pour s'emparer de ce qui ne leur avait jamais appartenu.

La première opinion est visible dans la grande ordonnance des eaux et forêts de 1669 (titre xxv), qui reconnaît aux seigneurs le droit de triage, c'est-à-dire le droit de prendre en toute propriété le tiers des communaux; la seconde opinion est au fond de toute la législation domaniale de la révolution.

L'Académie demande qu'on étudie la question en dehors des systèmes et des lois modernes; et qu'à l'aide des anciens diplômes et des premières coutumes, on détermine historiquement l'origine et le caractère des biens communaux, ainsi que les vicissitudes qu'ils ont éprouvées.

Elle propose, pour le prix annuel ordinaire, qu'elle décernera en 1856, le sujet suivant :

Rechercher l'origine de l'alphabet phénicien ; en suivre la propagation chez les divers peuples de l'ancien monde ; caractériser les modifications que ces peuples y introduisirent, afin de l'approprier à leurs langues, à leur organe vocal, et peut-être aussi quelquefois en le combinant avec des éléments empruntés à d'autres systèmes graphiques.

2

Chacun de ces prix sera une médaille d'or de la valeur de *deux mille francs.*

Le prix annuel de numismatique ancienne, fondé par M. Allier de Hauteroche, sera décerné, en 1855, au meilleur ouvrage de numismatique qui aura été publié depuis le 1er avril 1854. Les membres de l'Institut sont seuls exceptés de ce concours.

Trois médailles, de la valeur de cinq cents francs chacune, seront décernées aux meilleurs ouvrages sur les antiquités de la France, qui auront été déposés au secrétariat de l'Institut avant le 1er avril 1855.

Il sera décerné, en outre, la même année, à l'auteur du meilleur mémoire sur un sujet d'antiquités de l'Afrique, une médaille de cinq cents francs, représentant celle que M. le général Carbuccia avait obtenue dans le concours des antiquités de la France en 1851, et dont il a remis la valeur à la disposition de l'Académie, avec autorisation de M. le ministre de l'instruction publique.

PRIX DE M. BORDIN.

M. Bordin, ancien notaire, voulant contribuer aux progrès des lettres, des sciences et des arts, a fondé, par son testament, des prix annuels qui seront décernés par chacune des cinq Académies de l'Institut.

L'Académie des Inscriptions a décidé que le sujet du prix

qu'elle décernera pour la première fois en 1856, serait pris dans l'antiquité classique.

Elle propose le sujet suivant :

Faire l'histoire des Osques avant et pendant la domination romaine ; exposer ce qu'on sait de leur langue, de leur religion, de leurs lois et de leurs usages.

Ce prix sera une médaille d'or de la valeur de *trois mille francs.*

CONDITIONS DES CONCOURS DES PRIX ANNUELS.

Les ouvrages envoyés aux différents concours des prix annuels devront être écrits en français ou en latin, et parvenir, francs de port, au secrétariat de l'Institut avant le 1er avril de l'année où le prix doit être décerné. Ils porteront une épigraphe ou devise répétée dans un billet cacheté, qui contiendra le nom de l'auteur. Les concurrents sont prévenus que tous ceux qui se feraient connaître seraient exclus du concours. L'Académie ne rendra aucun des manuscrits qui ont été soumis à son examen ; mais les auteurs auront la liberté d'en faire prendre des copies, au secrétariat de l'Institut.

CONDITIONS DES PRIX EXTRAORDINAIRES FONDÉS PAR M. LE BARON GOBERT.

Au 1er avril 1855, l'Académie s'occupera de l'examen des ouvrages qui auront paru depuis le 1er avril 1854, et qui

2.

pourront concourir aux prix annuels fondés par M. Gobert.
En léguant à l'Académie des inscriptions et belles-lettres
la moitié du capital provenant de tous ses biens, après
l'acquittement des frais et des legs particuliers indiqués dans
son testament, le fondateur a demandé : « que les neuf
dixièmes de l'intérêt de cette moitié fussent proposés en prix
annuel pour le travail le plus savant et le plus profond sur
l'histoire de France et les études qui s'y rattachent, et
l'autre dixième pour celui dont le mérite en approchera le
plus; déclarant vouloir, en outre, que les ouvrages gagnants
continuent à recevoir, chaque année, leur prix jusqu'à ce
qu'un ouvrage meilleur le leur enlève, et ajoutant qu'il ne
pourra être présenté (à ce concours) que des ouvrages nouveaux. »

Tous les volumes d'un ouvrage en cours de publication
qui n'ont point encore été présentés au prix Gobert, seront
admis à concourir, si le dernier volume remplit toutes les
conditions exigées par le programme du concours.

Sont admis à ce concours les ouvrages composés par des
écrivains étrangers à la France.

Sont exclus de ce concours les ouvrages des membres or-
dinaires ou libres, et des associés étrangers de l'Académie
des inscriptions et belles-lettres.

L'Académie rappelle aux concurrents que, pour répondre
aux intentions de M. Gobert, qui a voulu récompenser les
ouvrages les plus savants et les plus profonds sur l'histoire
de France et les études qui s'y rattachent, ils doivent choisir des sujets qui n'aient pas encore été suffisamment éclairés ou approfondis par la science. Telle serait, par exemple,
une histoire de province où l'on s'attacherait à prendre

pour modèle la méthode et l'érudition de dom Vaissete : la Champagne, l'Ile-de-France, la Picardie, etc., attendent encore un travail savant et profond. Telle serait également une continuation du *Gallia christiana* : le titre seul de cet ouvrage rappelle toutes les qualités que l'Académie aimerait à rencontrer et à récompenser dans l'auteur qui entreprendrait de le compléter. L'érudition trouverait encore une mine féconde à exploiter, si elle concentrait ses recherches sur un règne important : il n'est pas besoin de proposer ici d'autre exemple que la *Vie de saint Louis*, par le Nain de Tillemont. Enfin, un bon dictionnaire historique et critique de l'ancienne langue française serait un ouvrage d'une haute utilité, s'il rappelait le monument élevé par Du Cange dans son *Glossaire de la latinité du moyen âge*.

Tout en donnant ces indications, l'Académie réserve expressément aux concurrents leur pleine et entière liberté. Elle a voulu seulement appeler leur attention sur quelques-uns des sujets qui pourraient être éclairés ou approfondis par de sérieuses recherches, et bien faire comprendre que la haute récompense instituée par M. Gobert est réservée à ceux qui agrandissent le domaine de la science en pénétrant dans des voies encore inexplorées.

Les exemplaires de chacun des ouvrages présentés à ce concours devront être déposés au secrétariat de l'Institut avant le 1er avril 1855, et ne seront pas rendus.

IV. ÉCOLE FRANÇAISE D'ATHÈNES.

Les sujets d'explorations et de recherches proposés, en 1854, aux membres de l'École française d'Athènes, pour la seconde année d'études, conformément au décret du 7 août 1850, sont les suivants :

Questions déjà proposées en 1852 et 1853, et qui restent à l'étude, indépendamment de la question de Delphes, qui pourra être reprise :

1° Décrire l'île de Lesbos; rectifier la carte qui se trouve dans Plehn (*Lesbiacorum liber, Berolini*, 1826, in-8°); compléter les notions données sur cette île par Tournefort, Dapper, Pococke, Richter et M. de Prokesch; explorer enfin les restes des villes anciennes, surtout de celles dont la position est encore incertaine, telles que Ægirus, Agamède, Hiéra, Métaon, Napé et Tiaræ.

2° Explorer la contrée comprise entre le Pénée, le golfe Thermaïque, l'Haliacmon, et les chaînes qui séparent l'Épire de la Grèce orientale; chercher à pénétrer dans les hautes vallées du mont Olympe, et décrire surtout, dans la partie de la Thessalie et de la Macédoine qu'on vient d'indiquer, les localités que M. le colonel Leake (*Travels in northern Greece*) n'a pu visiter.

L'Académie désire que ce travail, ayant pour objet la géographie comparée, l'épigraphie et l'archéologie, soit, autant que possible, la continuation de celui que M. Mézières a envoyé, en 1852, sur la Magnésie, le Pélion et l'Ossa.

3° Recueillir en un corps d'ouvrage tout ce que les auteurs anciens ont rapporté de relatif à l'histoire, aux institutions religieuses et politiques, générales ou particulières, aux mœurs et coutumes des peuples de l'antique Arcadie.

4° Rechercher au nord d'Iasos, en Carie, le mur désigné par M. Texier (*Asie Mineure*, t. III, pl. 147-149) sous le nom de *Camp retranché des Léléges*, en suivre le développement jusqu'au point où il s'arrête, en dresser le plan, en signaler les principaux caractères, chercher à en déterminer la destination, vérifier enfin s'il ne se rattacherait pas à un système de défense qui aurait eu pour objet de mettre le temple des Branchides à l'abri des attaques des Cariens.

5° Étudier, totalement ou partiellement, la géographie physique et la topographie des îles voisines de la Thrace, c'est-à-dire Lemnos, Imbros, Samothrace et Thasos, en relever les antiquités, en suivre l'histoire depuis les temps anciens jusqu'à nos jours, recueillir les vestiges des exploitations métallurgiques qui y ont eu lieu, et décrire l'état actuel de ces îles.

Questions proposées pour la première fois :

6° Déterminer, en reprenant les traces du colonel Leake, de feu Puilhon-Boblaye, de M. Curtius, et en approfondissant l'exploration générale faite par M. Beulé en 1850, la position des principales villes de l'ancienne Triphylie du Péloponnèse, spécialement d'*Epeum*; rechercher le nom, l'origine, le véritable emplacement de cette antique forteresse; en étudier, en décrire et en dessiner les ruines si remarquables et si bien conservées.

7° Faire une exposition aussi détaillée, aussi exacte et aussi complète que possible de la topographie, des antiquités et de la géographie comparée de l'île de Chios, en étudiant les localités, en consultant les auteurs, en s'aidant des traditions et des ruines, en profitant, mais avec mesure et critique, des travaux modernes, notamment de ceux de Poppo, de Coray, de Kofod-Witte, d'Eckenbrecher, et en donnant une attention particulière à l'état de l'île pendant le moyen âge byzantin, vénitien et génois.

V. DÉLIVRANCE DES BREVETS D'ARCHIVISTES-PALÉOGRAPHES.

En exécution de l'arrêté de M. le ministre de l'instruction publique rendu en 1833, et statuant que les noms des élèves de l'École des chartes qui, à la fin de leurs études, ont obtenu des brevets d'archiviste-paléographe, devront être proclamés dans la séance publique de l'Académie des inscriptions et belles-lettres qui suivra leur promotion,

L'Académie déclare que les élèves de l'École impériale des chartes qui ont été nommés *archivistes - paléographes* par arrêté du 30 novembre 1853, rendu en vertu de la liste dressée par le conseil de perfectionnement de cette École, sont :

MM. GIRAUD (Louis-Alfred),
    GARIN (Jean-Henri-Auguste),
    BERTRANDY (Martin),
    DE CHAMBRUN (Charles-Adolphe),
    GRÉGOIRE (Ernest),
    DE MACÉ DE GASTINES (Charles-Marie-Albert-Léonce).

NOTICE HISTORIQUE

SUR

MM. BURNOUF, PÈRE ET FILS,

Par M. NAUDET,

SECRÉTAIRE PERPÉTUEL.

Lue dans la séance publique annuelle de l'Académie des Inscriptions et Belles-Lettres,
du vendredi 18 août 1854.

———— ◦ ————

Dans les temps qui suivirent la renaissance de l'antiquité
classique, lorsque les lettres étaient une dignité et l'érudition une puissance; dans ces temps de mémoire bien ancienne pour nous, où les traditions, les mœurs, les états se
conservaient dans les familles comme par une loi d'hérédité,
il n'était pas rare de voir le culte et les honneurs de la
science transmis de père en fils avec le patrimoine, ou comme
patrimoine unique et tenant lieu de tout autre. Ainsi bril-
lèrent au XVIe et au XVIIe siècle, associés quelquefois par
les travaux, toujours par la renommée, Jules et Joseph Sca-
liger, le grand Scévole et Abel, Scévole et Louis de Sainte-
Marthe, Daniel et Nicolas Heinsius, Jean Dousa et ses trois
fils, les deux Gronove, les deux Vossius, la double lignée
des Burmann.

Cette noblesse de science, nous l'avons vue se renouveler
dans la maison des Burnouf, le père s'étant créé sans secours

3

domestique, par lui seul, un nom qui fut agrandi et illustré
par le fils. De même que les sentiments et les études les uni-
rent pendant la vie, qu'ils soient unis dans l'histoire, aujourd'hui du moins, par cette commémoration que la famille
académique consacre à ceux de ses membres qu'elle regrette
et qu'elle honore. Il y aurait conscience à les séparer. Qui se
flatterait d'avoir complétement loué le père et ses méthodes
d'enseignement, s'il n'en montrait l'application la plus glo-
rieuse, l'expérience la plus féconde dans l'éducation du fils?
Et pour E. Burnouf, quel plus digne hommage peut-on lui
rendre que d'accomplir sa suprême volonté? J'ai là sous mes
yeux, je tiens en mes mains une lettre qu'il écrivait à ce sujet
même lorsqu'il perdit son père, et dont je dois la communi-
cation au savant qui lui a succédé parmi nous (1):

« La mémoire de mon père, à laquelle vous avez rendu un hommage qui nous
« a vivement touchés, sera toujours mon bien le plus cher, et les hommes qui
« l'ont aimé seront pour moi des amis que j'aurai reçus de ses mains. Vous par-
« lerai-je, monsieur, de ce que votre notice renferme de trop bienveillant pour
« moi? C'est encore à mon excellent père que je dois, je ne dis pas ce qui a pu
« me mériter vos éloges, mais le sentiment qui vous les a dictés. C'est cet homme
« dévoué à ses devoirs et aux siens que vous avez voulu consoler en exagérant
« le peu qu'a pu faire, par ses conseils et sous ses yeux, un fils qui donnerait
« ce que vous voulez bien appeler des découvertes, pour un seul des nombreux
« bienfaits que cet homme à jamais regrettable a répandus dans sa longue et
« modeste carrière. »

Voilà l'expression de cette âme tendre et pieuse, qu'éclai-
rait le rayon divin d'une haute intelligence; elle-même nous
parle aujourd'hui. Et il me semble qu'elle peut m'entendre
à son tour; il me semble que E. Burnouf, si les louanges

(1) M. Rossignol.

de son père n'étaient mêlées à ce discours, me reprocherait
de lui avoir dérobé une part des siennes, pour lui la plus
sensible et la plus chère. Commençons par le récit qu'il aurait demandé lui-même de préférence.

Jean-Louis Burnouf naquit, le 14 septembre 1775, dans le
petit village d'Urville, près de Valognes ; et, comme si la Pro-
vidence eût voulu ajouter un exemple de plus à tant d'autres
déjà fameux, pour montrer ce que peuvent le travail et la
conduite, elle plaça son berceau dans une chaumière de tisserand ; et, afin que l'exemple fût de tout point accompli, il
perdit en bas âge ses parents, qui ne lui laissaient pour héritage que leur indigence. Je me trompe, il recueillit d'eux
fidèlement un bien qui fut une des origines de sa fortune,
l'impression profonde, ineffaçable des leçons vivantes de
probité, d'application laborieuse, de patience.

Ils étaient huit orphelins ; ce fut un partage entre les membres de la famille, et il échut à un oncle, qui ne se doutait pas
alors qu'il préparait à sa vieillesse les soins et la tendresse d'un
fils dont il serait fier un jour. Mais que pouvait cet oncle au
delà du toit et du pain ? Par une faveur du ciel, à Saint-Cyr
de Normandie, village voisin du leur, vivait retiré, mais non
pas oisif, un vénérable émérite de l'Université de Paris, le
bon et savant Gardin Dumesnil. Il connut l'orphelin par un
de ces hasards qu'il savait trouver, parce qu'il les cherchait.
Le connaître et s'intéresser à lui, ce fut tout un. Il le fit élever dans une école qu'il avait fondée lui-même à ses frais
pour l'instruction de première nécessité des enfants pauvres,
et dans laquelle il y avait même, pour ceux qui annonçaient
quelques dispositions supérieures, des leçons élémentaires

3.

de latin très-bornées. Le sage bienfaiteur ne voulait point
exciter des vocations factices, des ambitions décevantes, mais
ramasser et sauver des germes de talent abandonnés, qui se
seraient perdus faute d'abri et de soleil pour éclore. Ces
germes se développèrent bien vite chez le jeune Burnouf, et
l'ancien professeur de rhétorique du collége d'Harcourt,
l'ancien principal du collége Louis le Grand se mit à enseigner lui-même le latin au petit villageois. Puis, quand il l'eut
conduit assez avant, il lui procura une place de boursier
dans le collége même où son souvenir était encore présent
et puissant. Le client se montra digne du patron, et les anciens collègues de Gardin Dumesnil reconnurent le maître
dans le nouvel élève. C'était en 1788. Il fallait qu'il se hâtât
de terminer le cours de ses études. L'orage approchait;
il ne tarda pas à gronder, sans troubler toutefois le jeune
Burnouf dans la paix de son asile et la sécurité de ses travaux, qu'il couronnait en 1792 par des succès éclatants. Dès
sa première année de rhétorique, il avait effacé tous ses
émules, les vétérans comme les nouveaux, et il avait rem-
porté l'avant-dernier prix d'honneur de l'ancienne Université. Sa vétérance fut moins flatteuse pour l'orgueil, mais
non moins fructueuse en réalité; il étendit et approfondit
ses connaissances acquises, et s'affermit dans l'estime et l'af-
fection de ses maîtres. Son sort était désormais assuré, si
celui des établissements universitaires avait pu l'être.

Le jour de la distribution des prix amenait le terme de
son séjour gratuit au collége. Le pauvre jeune homme se
trouvait, au sortir de la cérémonie, sans demeure et sans
ressources, avec sa gloire et ses couronnes. Des couronnes,
quelles qu'elles fussent, n'étaient pas un gage de fortune
le 22 juillet de l'an 1793.

Encore, s'il avait pu retourner dans la maison de son protecteur! Il s'y serait présenté avec confiance, lui disant : « Me voilà. » Mais Gardin Dumesnil, suspect d'incivisme, avait été forcé de fuir sa patrie, où il ne rentra, dix ans après, que pour rendre sa dépouille mortelle à la terre natale.

Quelques-uns des camarades du jeune Burnouf, en partant pour les vacances, le rencontrèrent prêt à partir aussi, mais sans espoir et sans but. Eux, ils avaient encore leur père, leur mère, une famille, le foyer domestique, les champs paternels. Pour eux, les vacances, c'était le délassement, la joie ; mais lui, qu'allait-il devenir ? Cet âge n'est pas toujours sans pitié, surtout sans instinct généreux, et une hospitalité cordiale et délicate fut le premier témoignage d'estime offert à son mérite. Mais le fils du tisserand avait le cœur noble et fier ; il lui semblait que, s'il jouissait trop longtemps de cet honorable accueil, il cesserait d'en être digne.

Cependant, par un décret du 15 septembre, *les colléges de plein exercice*, en même temps que *les facultés de médecine, des arts et de droit, venaient d'être supprimés sur toute la surface de la république.* Ce sont les termes du législateur. « Il ne s'agit pas, disait-on encore, de décréter un plan d'éducation, mais bien de chasser des colléges l'aristocratie qui y règne, et d'élever à la place de l'Université des écoles d'arts et métiers (1). »

On détruisait, en effet, l'aristocratie des lettres et de la science ; mais on n'élevait point d'écoles.

Le jeune Burnouf se déroba aux instances de ses amis et

---

(1) *Moniteur* du 19 septembre 1793, p. 1110.

de leurs familles qui s'efforçaient de le retenir. Peut-être en ce moment, parmi ses souvenirs classiques dont il avait l'imagination si remplie, se redisait-il à lui-même ces paroles de Sénèque : « Voici un spectacle digne des regards de la Divinité : l'homme de bien aux prises avec la mauvaise fortune. » Que le conseil lui vînt du philosophe ou d'une inspiration naturelle et spontanée, sa résolution était prise; il se jeta sans hésiter dans les hasards et les misères que lui présentait confusément un sombre avenir.

Quel métier prendre? car il en fallait un. Celui d'imprimeur, comme le moins étranger à ses goûts littéraires, lui vint à l'esprit le premier. Mais ce n'était pas plus le temps d'imprimer des livres que d'en faire; et que pouvait espérer l'apprenti, quand les habiles même voyaient leur gagne-pain leur échapper? Alors, quoiqu'il n'en eût point l'âge, ni la force, encore moins la stature, il voulut se faire soldat, et se rendit à Dieppe où l'on s'enrôlait. C'est une chose à remarquer chez lui que cet instinct de résistance à toute abjection dans le choix d'un état pour vivre.

Par bonheur, l'officier de recrutement auquel il s'adressa était humain et intelligent : il comprit bien vite quel dommage ce serait d'envoyer un tel volontaire au feu de l'ennemi, et que la patrie pouvait tirer de lui un meilleur parti pour son lustre que pour sa défense. Il le fit entrer dans les bureaux de la municipalité.

On croira sans peine qu'il y fut remarqué. Ses chefs lui donnèrent beaucoup de travaux, quelques éloges, et fort peu d'argent, moins que le nécessaire, et, qui pis est, en papier. Ces distinctions stériles l'exposèrent au danger d'une tentation redoutable. Un personnage puissant dans ces jours

de terreur, Fouquier-Tainville, dit-on, de séjour à Dieppe, fit
attention à lui, et lui proposa de l'emmener à Paris, de le
placer dans les bureaux du comité de salut public. Il y
avait à délibérer. La faim et le dénûment, et l'ambition par-
dessus, pesaient d'un côté dans la balance; sa conscience
fit contre-poids de l'autre. Depuis la sanglante journée du
31 mai, il s'était rangé du parti des vaincus; il refusa. Et
quelle existence il menait en ce temps-là! Lui-même l'a re-
tracé dans une lettre d'intime confidence qu'un ami a con-
servée : « Allant nu-pieds, dit-il, faute de souliers, logeant
dans un misérable garni faute de chambre, mangeant dans
une misérable gargote, où je mourais de faim faute d'argent, m'ennuyant beaucoup, et regrettant Paris et le collége d'Harcourt. » La fortune lui montra le retour à Paris
sans le séduire; c'est qu'il n'aurait plus osé passer devant
la porte de son collége d'Harcourt, ramené par un tel protecteur.

Il lui devenait pourtant impossible de vivre ainsi plus
longtemps. Telle était sa détresse, qu'il regarda comme un
bonheur qui passait son attente d'entrer commis au service
d'un marchand de salaisons. Le vivre et le gîte assurés, avec
600 fr. d'appointements! c'était la richesse.

Il se mit donc à l'œuvre, enregistrant les tonnes et les pa-
niers à l'entrée et à la sortie, et même aidant de sa personne
à les ranger dans le magasin, sans indignation, sans mur-
mure contre les hommes et contre le sort. Ne savait-il pas
que le philosophe Cléanthe avait tiré de l'eau comme mer-
cenaire d'un jardinier; que Plaute, le grand poëte, avait
tourné la meule du moulin? et (un exemple tout près de
lui) la tradition du collége d'Harcourt ne disait-elle pas

que La Harpe, alors si célèbre, avait balayé les classes avant de les remplir du bruit de sa jeune renommée ?

Une fois que les angoisses du présent jointes aux soucis du lendemain eurent cessé de le troubler, les distractions lui étaient permises. Dès qu'il avait fini sa tâche, il relisait avec délices ses livres de classes et ses livres de prix, unique bagage qui ne l'eût pas quitté pendant les traverses de sa petite Odyssée. Il trouva le moyen de l'accroître encore du fruit de ses épargnes. Quoique le négociant ne pût s'empêcher de rendre justice à son assiduité, néanmoins, à le voir, aussitôt son labeur achevé, étudier avidement son grec et son latin au lieu de se reposer, pour revenir plus frais et plus dispos à la besogne, ou de perfectionner son écriture et ses chiffres, il se disait, haussant les épaules de pitié : « Pauvre garçon! il ne fera jamais rien. » Mais il eut occasion un jour de se douter que ces vanités du bel esprit pouvaient servir à quelque chose.

Dans un voyage à Paris, ses affaires le mirent en relations assez fréquentes avec une veuve jeune et riche. De retour à Dieppe, il entretint une correspondance à laquelle n'étaient peut-être pas étrangères des vues d'intérêt dont on ne parlait pas, mais où l'on parlait beaucoup d'intérêts plus tendres, et dans un langage très-persuasif. M. Burnouf tenait la plume. Le négociant usait de cet artifice en toute sécurité de conscience; après tout, ce qu'écrivait son commis lui appartenait, il ne livrait que ce qu'il avait payé. Le commerce épistolaire eut pour conclusion un mariage, et la maison de Dieppe fut transportée à Paris. M. Burnouf y suivit son maître; car c'était bien un maître, exigeant et impérieux. L'ingrat ne souffrait qu'avec peine que ce même esprit, auquel il devait en grande partie son bonheur, prit un peu de cette nourriture si nécessaire à qui en a goûté les douceurs. Il lui reprochait de ne pas prendre cœur à son état, et de s'appliquer à des futilités. Il y a quelque chose que la supériorité de fortune ne pardonne pas, c'est la supériorité intellectuelle.

Douze années de la jeunesse de M. Burnouf, ordinairement les plus riantes de cet âge, se consumèrent ainsi dans un perpétuel combat des instincts de l'esprit et des nécessités de la condition, dans l'asservissement des goûts aux devoirs; douze années cependant qui ne furent point perdues pour la science, car on a retrouvé dans ses papiers des traductions et d'autres essais de ce temps-là; douze années qui ne furent pas perdues surtout pour l'éducation d'une âme bien trempée, que la lutte grandit et fortifie. M. Burnouf y acquit, par l'habitude de contenir toujours ses besoins et ses désirs dans une mesure inférieure à ses ressources, et de chercher sa félicité dans des régions élevées et pures, la plus grande des puissances, la plus haute des dignités, l'indépendance morale de l'homme de bien, qui sait allier avec le respect de l'autorité légitime et sage le mépris de l'injustice et de l'injure, en quelque rang que le hasard eût placé ceux qui auraient voulu les faire tomber sur lui.

Enfin, un rayon de liberté vint luire sur le pauvre esclave et rompre sa chaîne. Un de ses amis, un de ses anciens condisciples, qui lui survit encore à présent, vénérable débris du vieil enseignement universitaire, M. Auvray, fut son libérateur malgré lui, en le donnant à l'Université. Un tel présent égalerait les nombreux services qu'il a rendus lui-même à la jeunesse, et dont tant de familles se souviennent encore aujourd'hui.

4

En 1805, il laissait vacante, au lycée Charlemagne, une place de professeur suppléant de seconde, et vint offrir sa succession à son ami; il le proposerait à M. Gueroult, autrefois leur professeur au collége d'Harcourt, maintenant proviseur. L'idée seule de passer de l'obscurité du comptoir à la lumière d'un grand lycée de Paris effrayait M. Burnouf : « Comment dicter aux autres des leçons? Se souvenait-il seulement de celles qu'il avait reçues? » Il fallut faire violence à sa modestie, et le prendre par trahison. M. Auvray alla le dénoncer au négociant comme coupable d'un projet de désertion, lui, le perfide embaucheur. L'invention était trop vraisemblable pour ne pas obtenir créance; il s'ensuivit une rupture, et la métamorphose du pauvre commis en un excellent professeur fut opérée, non sans quelque difficulté nouvelle d'où l'on aurait dû le moins en attendre. M. Gueroult craignait l'effet de l'air embarrassé de M. Burnouf, de son organe un peu sourd et surtout de sa petite taille sur le futur auditoire. Étrange erreur d'un maître si judicieux et si expérimenté ! Les écoliers sont malins, mais justes; quelquefois mutins, mais clairvoyants; ils ont un tact merveilleux pour deviner ceux qu'il leur est utile d'écouter, et un grand sens pour se soumettre à l'autorité de qui gouverne par le droit du mérite. Il eut bientôt fait reconnaître et accepter la sienne, qui ne cessa point de s'accroître d'année en année avec la richesse et la fécondité de son enseignement.

Il se rencontre ici une singulière conformité que je ne puis m'empêcher de remarquer, dans les commencements de la carrière de M. Burnouf, avec celle d'un des plus grands philologues de l'Allemagne, l'illustre Heyne : tous deux nés d'humbles artisans, et tenant de la bienfaisance des étrangers

leur première éducation ; tous deux supportant avec un admi-
rable courage, un courage de prédestinés, les inquiétudes et
les détresses d'une existence précaire ; tous deux jetés brus-
quement hors de leur voie, l'un par une révolution, l'autre
par une invasion ennemie, et forcés de sacrifier, pendant de
longues années, leur passion littéraire aux besoins de la vie,
celui-ci dans le magasin d'un marchand, celui-là dans une
intendance de domaine rural ; tous deux enfin tirés soudainement de leur exil sur la recommandation de leurs premiers
succès, dont quelqu'un s'était souvenu pour eux, et méritant
leur fortune pour n'avoir jamais désespéré d'eux-mêmes.

M. Burnouf eut le bonheur d'assister et de pouvoir aider
pour sa part, plus importante que notoire alors, à la renaissance de l'Université, non plus limitée au ressort de Paris,
mais embrassant désormais l'empire français tout entier.

C'était une époque de réédification sociale ; une main puissante, tandis qu'elle consacrait par les lois les conquêtes de
la révolution dans l'ordre civil, venait réparer les ruines que
cette révolution avait faites en confondant, en renversant,
avec les tours féodales et les bastilles, les colonnes de l'État.

La démocratie s'est toujours pressée d'exiger l'instruction
pour tous, mais d'en faire déchoir en même temps le niveau,
parce qu'elle prend en haine les parties élevées de la science,
où ne peut atteindre que le petit nombre, et en dédaigne
les spéculations pures, n'estimant que ses applications pratiques et son utilité matérielle ; instinct d'orgueil envieux et
de sensualité grossière, qui tend à l'abaissement des nations par les recherches du bien-être, par l'ostracisme des
intelligences privilégiées, lesquelles font seules la grandeur
des peuples dans l'histoire et leur supériorité dans le monde.

4.

L'empereur Napoléon voulut créer ce qui avait manqué aux républiques de l'antiquité, de même et plus encore qu'aux monarchies modernes, un système d'instruction publique, l'éducation par l'État, grande sous une direction éclairée, forte et contenue sous une ferme discipline, animée par le concours sans concurrence et sans jalousie de la religion, des lettres, des sciences et des arts, sous la loi égale pour tous de l'utilité commune et de l'honneur national ; sage et libérale organisation, qui ouvrait toutes les carrières à tous, et offrait tous les degrés de lumières à chacun selon son libre essor ; qui rattachait le présent au passé, en recueillant, en attirant à soi les restes précieux des anciennes corporations savantes, et dont l'avenir était assuré par la fondation de cette École normale, depuis si féconde en hommes de talent, de savoir, de devoir, et qui, après quarante années de rudes épreuves, demeure toujours vivace par l'esprit et justement fière de sa couronne de noms honorables, parmi lesquels les illustres ne manquent pas.

Dans ce temps, l'Université avait pour chef le roi de l'éloquence officielle dans le silence de l'éloquence politique, le gardien élégant et pur du goût et des doctrines classiques du XVIIe siècle, M. de Fontanes, auprès de qui siégeaient, dans le conseil, des prélats tels que M. de Villaret et M. de Bausset, des savants tels que de Jussieu, Delambre, Cuvier, qui, tenant eux-mêmes une grande place dans la littérature, voulaient, eux aussi, que la part fût grande pour les études littéraires.

Lorsque l'École normale s'ouvrit, le premier maître de conférence nommé fut M. Burnouf, et, la même année, il succéda dans la chaire de rhétorique du lycée impérial à

Luce de Lancival, l'auteur fortuné de la *Mort d'Hector*, le
brillant professeur, dont il avait failli être le vainqueur dans
un concours fameux. L'autorité universitaire avait décidé
que, dans tous les lycées de l'Empire, le même jour, il serait prononcé un discours latin pour célébrer le mariage de
Napoléon et de Marie-Louise; un prix était offert à l'orateur le plus éloquent, s'il était à la fois le plus parfait latiniste. On m'a conté que le jury, composé de cinq membres
choisis entre les plus hauts dignitaires du corps enseignant,
avait d'abord décerné le prix à M. Burnouf, mais que de
puissantes réclamations, se fondant sur la présence du chef
de l'École normale dans le jury, firent procéder à un nouvel
examen des ouvrages, avec l'adjonction de deux membres
nouveaux : Luce de Lancival fut alors couronné; mais il
mourut, le lendemain de la solennité, enseveli dans ses
triomphes du théâtre et du collège. On avait interdit la
publication de tout autre discours que celui du lauréat,
qui eut l'heureuse pensée de léguer à un de ses élèves, depuis le maître des maîtres, le soin d'imprimer son œuvre;
et l'impression, sous un tel éditeur, justifia le jugement dé-
finitif.

M. Burnouf ne tarda pas à prendre une éclatante revan-
che, dans la distribution des prix du concours général
de 1812, où, par un heureux à-propos, il présenta le tableau imposant de la formation, du développement, des
destinées de l'Université impériale, avec toute la magnificence et toute la pureté du langage romain.

Peu d'années après (1817), la double désignation de l'Académie des inscriptions et du corps des professeurs l'élevait
à la chaire d'éloquence latine au Collège de France. Sa force

suffisait à tout ce labeur, son zèle à tous ces devoirs, sa docte sagacité à tous les degrés de ce triple professorat, qui produisait plus de fruits que de fleurs, et dont on n'estimerait au juste la valeur et la fertilité que si l'on pouvait compter tout ce que ses auditeurs en ont emporté dans leur mémoire, pour le répandre à leur tour dans leurs leçons et dans leurs livres.

A présent qu'il est parvenu à conquérir sa place et son rang en ce monde, le récit s'arrête. Dans cette vie jadis traversée par tant de vicissitudes et d'infortunes, désormais si pleine et si calme, dévouée tout entière au professorat comme à un sacerdoce, il n'y a plus d'événements. On ne voit qu'un seul fait continu, toujours le même, toujours égal, le travail du savant, que suit d'un cours tranquille et invariable le progrès de l'estime universelle, comme un fleuve perpétuellement accru par de nouveaux affluents.

Les époques, dans cette partie de ma notice, ne seront plus marquées que par des ouvrages classiques.

Le premier qui fonda la réputation de M. Burnouf, le plus humble par sa destination, le plus éminemment utile par les résultats, et qui lui a procuré le succès le plus populaire et le plus durable, ce fut la grammaire grecque, dont toutes les générations qui ont passé dans les colléges depuis 1813 ont gardé le souvenir; œuvre capitale, qu'il compléta dans la suite par la grammaire latine, conçue dans le même esprit et sur le même plan.

Il avait appris par expérience, comme écolier et comme maître, de quelles entraves des pratiques erronées et vicieuses embarrassaient l'instruction élémentaire, et dans quelles ornières elles forçaient les enfants à se traîner sans reconnaître la route. Appelé à former de jeunes professeurs dans les conférences de l'École normale, il sentit plus vivement la nécessité, non-seulement de leur montrer le but, mais de leur tracer un itinéraire, et d'ajouter la loi écrite aux préceptes journaliers. Les bonnes grammaires font les bonnes études, moins par la leçon que les enfants y apprennent eux-mêmes que par les directions qu'elles impriment à l'enseignement.

Ici l'importance de la réforme opérée par un livre ne se mesure pas tant à la grandeur de la doctrine qu'il renferme, qu'à l'étendue de l'action qu'il exerce et au nombre de ceux qui en reçoivent le bienfait. Plus de cinquante éditions (à combien de milliers d'exemplaires!) ont été épuisées en moins de quarante ans. Il est vrai que le livre s'adresse à des lecteurs qui en font une active consommation; non pas qu'ils se plaisent, selon le précepte du poëte, à le feuilleter nuit et jour; mais c'est qu'ils le ménagent en proportion seulement de l'amour qu'ils lui portent. Ingrats aujourd'hui, leur reconnaissance n'est que différée. Quoique nous soyons bien loin du temps où l'on embrassait les savants pour l'amour du grec, et qu'il y ait encore des gens qui l'embrasseraient volontiers pour l'étouffer, Homère et Virgile, Démosthène et Cicéron, Thucydide et Tacite, et tous les immortels génies de l'antiquité classique, demeurent et demeureront encore longtemps, il faut l'espérer, la base de l'éducation libérale, comme le type avoué du grandiose et du beau chez les nations civilisées; et tant que ces dieux auront chez nous des autels, c'est M. Burnouf que les jeunes initiés rencontreront à l'entrée du temple, et qui leur en ouvrira les portes.

Dans le petit volume d'un simple manuel d'école se ré-

solvait une grande question d'éducation générale, d'entende-
ment humain, de morale. Peut-on traiter l'enfance comme une
matière plus ou moins ductile, sur laquelle des empreintes de
règles et de formules souvent fautives s'inculquent successivement par l'effort réitéré d'un travail mécanique? ou
n'a-t-on pas plutôt affaire à des mémoires intelligentes, qui
peuvent procéder par analyse et par raisonnement du
connu à l'inconnu, de l'élément à la composition, se rendre
un compte exact de l'essence, des fonctions, des rapports
de toutes les parties du langage, écarter les fausses hypothèses, et affermir en soi les connaissances acquises par la
démonstration des principes qui les régissent? La méthode
substituée à la routine mêle ainsi aux leçons de rudiment
un cours de logique, et par une philosophie naturelle et
inaperçue l'homme contracte dès les premiers pas l'habitude
de la réflexion et de l'examen.

M. Burnouf, par la force de l'évidence et de l'utilité, par
la clarté et la simplicité de son système, remporta un insigne
avantage, que la grammaire latine de M. Gueroult, son
maître, malgré l'autorité du nom et de la position, n'avait
point obtenu; il fut tout d'abord réformateur. Sa modestie
se serait effrayée d'un pareil titre. Il s'efforçait, au contraire,
de renier tout mérite d'originalité et de placer son travail
sous la protection de quelques grands noms. Il y a des temps
dans la vie des écrivains et des savants où l'on a besoin de
se dire imitateur pour faire accepter sa propre initiative; il
y en a d'autres où l'on peut donner des idées d'emprunt pour
des créations. C'est la différence d'une réputation à faire
avec une réputation faite. Le jour ne tarda pas à venir pour
M. Burnouf où il servirait à son tour de modèle et d'autorité.

De même que tous les hommes dont un rude labeur, sous la direction d'un jugement ferme et droit, a mûri et accompli lentement, mais sûrement, les ouvrages, et qui s'y attachent comme à un bien dont ils ont chèrement acheté la possession, comme à des vérités dont ils ont la conscience profonde, M. Burnouf ne souffrait pas aisément la contradiction ni la concurrence. Mais il s'appliquait à se perfectionner, à se surpasser lui-même, pour maintenir sa supériorité sur les autres.

C'est ainsi que dans une célèbre édition d'auteurs classiques latins, qui se fit au commencement de ce siècle, entre les habiles collaborateurs que l'auteur de l'entreprise s'était associés, M. Burnouf s'éleva au-dessus de tous à une longue distance, même des premiers après lui. Son travail sur Salluste est un chef-d'œuvre où la plénitude de l'érudition allemande s'allie à la justesse et à la précision de l'esprit français ; rien de superflu, tout le nécessaire ; discussion des textes, éclaircissements historiques, remarques de philologie comparée et de critique littéraire ; commentaire, en un mot, bien rare en son espèce, qui explique toutes les difficultés sur lesquelles on l'interroge, sans donner jamais des explications qu'on ne lui demandait pas.

Non content de commenter ces auteurs avec une parfaite érudition, il a su les traduire en écrivain élevé à leur école.

Une excellente copie française d'un beau tableau d'histoire littéraire, cette large peinture de l'éloquence romaine, que Cicéron offre dans son traité *de Claris oratoribus*, obtint à M. Burnouf, en 1821, des suffrages unanimes. Bientôt après, les *Catilinaires* et la harangue pour le tribun Sextius, défenseur du parti de l'ordre au milieu de l'anarchie qui pré-

5

céda et amena le despotisme des Césars, et plusieurs plai-
doyers fameux du grand orateur et ses préceptes sur le
gouvernement proconsulaire adressés à son frère Quintus,
furent rendus en français avec un égal bonheur. Puis il s'at-
taqua aux écrivains du premier âge de la décadence, moins
corrects et moins purs, et affectant davantage les finesses
épigrammatiques et les brillants artifices du langage ; il fit
preuve alors d'une souplesse de talent aussi remarquable que
son profond savoir dans la version du panégyrique de Tra-
jan et dans celle des œuvres de Tacite.

Mais le métier des traducteurs est un métier ingrat. Quoi
qu'ils fassent, ils ne peuvent prétendre tout au plus qu'à
l'estime, jamais à la gloire. Il y eut un temps en France où
la traduction des auteurs anciens fut beaucoup plus en honneur, précisément lorsqu'elle le méritait le moins. Par un
retour contraire, le public est devenu de plus en plus su-
perbe et dédaigneux pour elle, à mesure qu'elle s'est perfec-
tionnée. On ne saurait le nier, quelque opinion qu'on se
forme sur la question en général, la traduction des classiques
est une des branches de l'art d'écrire qui ont fait le plus de
progrès de notre temps ; celle peut-être qui a pris, par comparaison avec le siècle précédent et même avec le XVIIᵉ
siècle, la supériorité la plus incontestable. Depuis les
belles infidèles de Perrot jusqu'aux médiocrement fidèles
de l'abbé Collin et de l'abbé Paul, à qui, de plus, la beauté
manquait, on s'était figuré que traduire les anciens, c'était
choisir un texte, comme le musicien un thème, à des varia-
tions plus ou moins libres, et que, dans cette licence d'amplifications, l'on pouvait suppléer au défaut de l'expression

propre en multipliant les à-peu-près, et à la justesse des tours en arrondissant la période.

Quelques tentatives d'illustres écrivains, vers la fin du siècle dernier, quoique sans beaucoup de succès et sans persévérance, indiquèrent du moins la route où il fallait entrer. Rousseau et d'Alembert, sans offrir une théorie, firent la loi nouvelle des traducteurs, qui les obligeait de rendre toute la pensée et rien que la pensée de l'original avec une exactitude animée, l'esprit et la lettre à la fois, la substance et la vie des écrits.

De leur école sortit, préparé pour se mesurer comme eux avec Tacite, un athlète assez vigoureux pour n'être point lassé avant le temps par ce rude jouteur, assez modeste pour n'être point tenté de quitter la partie et d'aller seul après des commencements heureux, et à qui ce grand travail ouvrit les portes de l'Académie française, M. Dureau de la Malle, un nom cher et honoré aussi dans notre Académie. M. Burnouf a pu le surpasser sans le faire oublier. Ils se partagent l'honneur de représenter, chacun à leur manière, l'historien des empereurs, de la Germanie et d'Agricola, autant qu'il est possible aux traducteurs de donner un démenti au proverbe italien.

Si les traducteurs se flattent et si les critiques leur demandent de reproduire dans une sorte de transfiguration vivante, avec une ressemblance parfaite, le mouvement, la physionomie, la vigueur ou la grâce d'un homme de génie, comme s'il n'avait fait que changer la couleur de son vêtement; c'est une injustice chez les uns, une illusion chez les autres. Autant vaudrait s'imaginer que le plus beau jour des bords de la Tamise vous représentera le soleil de Naples ou

5.

d'Athènes. Les traductions ne remplacent que l'auteur médiocre, jamais le grand écrivain. Serait-ce un paradoxe de dire, du moins en ce qui concerne les anciens, qu'elles servent plus aux lecteurs qui ont fait déjà des progrès dans les deux langues qu'à celui qui ne les entend pas du tout? En effet, de même que l'interprétation la plus instructive d'un poëme dramatique se trouvera dans la diction savamment accentuée, variée, modulée d'un comédien habile, de même une bonne traduction sera le commentaire le plus fin et le plus pénétrant, et, qu'on me passe la petite pédanterie du néologisme, la meilleure leçon d'esthétique pour qui saura la comprendre. Dans ce duel où il s'agit de contraindre l'auteur à subir le changement de son langage antique en une langue moderne, le traducteur n'aborde point son adversaire avant d'en avoir étudié longtemps, profondément l'art et le caractère dans le moindre détail. C'est alors qu'il tâche de le saisir et de s'en rendre maître; et il parvient, tantôt par la difficulté vaincue, tantôt par l'effort même qui n'a réussi qu'à demi, sinon à rendre dans toute leur énergie, du moins à faire ressortir, à indiquer d'une manière sensible l'expression saillante, les intentions, les nuances, les délicatesses qui nous auraient échappé dans une lecture courante et moins réfléchie. S'il venait un temps où les traductions des chefs-d'œuvre de la Grèce et de Rome ne rencontreraient plus que des gens à qui la langue originale fût tout à fait étrangère, une de leurs fins les plus élevées leur manquerait, l'éducation des esprits pencherait vers la décadence.

M. Burnouf était un de ces doctes, ingénieux, puissants commentateurs, dans ses belles et fidèles traductions; et il

les entourait d'un cortége de notes historiques, complément
si intéressant et si bien adapté, qu'il semblait réparer un
oubli de l'auteur même.

S'il fallait me prononcer entre les deux traducteurs de
Tacite, à ceux qui ne sauraient converser avec lui que par
l'intermédiaire d'un trucheman français, et qui doivent
se contenter de prendre une idée générale du fond de
sa narration et des allures de son esprit, comme on retrouve une peinture de Michel-Ange dans une gravure où
l'artiste s'est attaché à marquer vigoureusement l'ensemble et le mouvement des figures, je conseillerais la lecture
de M. Dureau de la Malle ; à ceux qui voudraient étudier
les pensées à demi voilées et le langage expressif de Tacite,
à l'aide d'un moniteur qui leur ferait observer la significa-
tion et la valeur des éléments de chaque phrase, comme le
moulage pris sur la personne, après que la vie s'est retirée,
reproduit les traits du visage avec leurs moindres accidents,
à ceux-là M. Burnouf est nécessaire.

Un homme qui ne manquait pas d'instruction, mais à
qui vint l'inopportune fantaisie de retraduire Tacite après
M. Dureau de la Malle et M. Burnouf, sans préparation suf-
fisante, reprocha au dernier de manquer du sens politique
indispensable en une telle entreprise, lui qui n'avait rien de
politique, sinon une grande fortune qui le mettait en relation
de dîners et de fêtes avec des hommes politiques, de plus, une
très-belle imprimerie, qu'il eut l'excellent esprit d'employer
à d'utiles éditions, se gardant de la mettre au service des
partis, et faisant très-bien ses affaires sans trop se mêler de
celles de l'État. Du reste, il ne prétendait nullement dispu-
ter à M. Burnouf l'avantage d'une qualité assez essentielle

pour traduire un historien latin, celle de latiniste éminent, à laquelle M. Burnouf joignait un sens exquis de toutes choses. Il est vrai que, renfermé dans les devoirs de sa profession et les soins de la famille, il n'affectait en matière politique ni une grande science, ni même des opinions très-prononcées; il n'avait que des principes, ceux-là constants, inébranlables.

Enfin, arrivèrent les récompenses suprêmes de ses travaux : en 1830, la première place d'inspecteur général de l'université; en 1834, son entrée à l'Académie des inscriptions et belles-lettres.

Mais, au milieu de ses prospérités, il lui fallut payer encore une fois tribut à la fortune envieuse, un bien cruel tribut. Sa compagne, qui l'avait aidé à supporter le poids des mauvais jours, lui fut enlevée par une mort soudaine. La solitude de sa maison en deuil lui devint désormais insupportable. Ce n'était plus assez d'habiter dans le voisinage de son fils, qui était lui-même marié, et père depuis quelques années. Il alla s'établir chez lui pour retrouver la vie du foyer domestique. On m'a permis de visiter cet appartement où ils vécurent longtemps encore ensemble; les cabinets des deux savants, séparés seulement par une porte toujours ouverte, où l'on se trouvait si heureux de travailler l'un près de l'autre, où l'on s'inspirait réciproquement sans se parler, où l'on s'entr'aidait quelquefois sans se distraire, et d'où l'on partait de compagnie, tous les vendredis, pour la séance de l'Académie.

Il n'est pas rare de rencontrer des pères qui, dans l'âge de la vaillance, souhaitent, comme Hector, que leur fils les surpasse un jour, un jour encore lointain. Il s'en trouve bien peu qui, à l'heure du déclin, se félicitent d'être surpassés. Combien nous semblait touchante la joie sans arrière-pensée du septuagénaire, si heureux d'avoir son fils pour doyen à l'Institut, de voir la grande place que ce fils y occupait, et de n'être son égal que par la loi de la confraternité académique !

Il est vrai que M. Burnouf pouvait revendiquer sa part dans les succès de son fils. C'était lui qui l'avait initié aux exercices, aux analyses, à la philosophie des grammaires comparées et de la grammaire générale. Quel maître eut cet enfant ! Mais aussi quel disciple eut ce maître !

Eugène Burnouf était né sous un toit étranger, dans l'ergastule du négociant, le 8 avril 1801 ; mais à peine commença-t-il à se connaître, qu'il n'avait plus à être témoin ni à souffrir sa part de ces misères. Tout souriait autour de lui, chez lui ; tout respirait l'allégresse dans le bien-être de la fortune présente, dans la sécurité de l'avenir garanti par le mérite et le courage. Le père de famille venait d'être rendu à la dignité de sa vocation, à sa patrie littéraire, à sa liberté studieuse ; et l'enfant, plus favorisé que lui, n'eut pas à recevoir du secours d'autrui le bienfait de l'éducation ; il trouvait dans la maison paternelle le maître qu'il eût choisi entre tous, s'il avait eu à choisir.

Ses progrès furent brillants et rapides, mais non hâtés prématurément, par urgence et par contrainte. A un tel disciple, il n'était pas besoin de l'instance du pédagogue ; et un tel mentor voulait que, dans cette intelligence dont il observait avec bonheur les qualités rares et la vigueur naissante, l'instruction fût le fruit du libre amour d'apprendre. Hélas ! E. Burnouf n'a que trop bien rempli, trop persisté à remplir, à dépasser de tels vœux.

Son père, attentif à interroger tous ses instincts précoces

et à leur offrir les objets d'application les plus divers et les
plus solides, le conduisit, en sortant du collége, aux leçons
de l'École des chartes. Elle n'existait alors qu'en germes, en
rudiments, et ne laissait point soupçonner, ne soupçonnait
pas elle-même les heureux développements que son organisation recevrait un jour, et qui l'ont placée, depuis quelques années, au rang des établissements les plus notables
d'instruction publique. Toutefois les conversations, je ne
dirai pas les cours, du savant abbé de l'Épine, et les essais
de lectures paléographiques sous sa direction, avaient bien
quelque analogie avec les déchiffrements d'autres manuscrits
dont le jeune étudiant devait un jour pénétrer les obscurités; et ce fut pour lui, sans qu'il s'en doutât, comme une
gymnastique préparatoire pour des travaux plus ardus.

Il suivit, dans le même temps, les cours de l'École de
droit avec plus de persévérance et d'éclat, et il y signalait
la fin de ses exercices par une thèse dont elle a gardé le
souvenir. Ainsi s'ouvrait devant lui la carrière du barreau,
où son père désirait l'engager, et à laquelle paraissaient
l'appeler ses facultés brillantes et solides. Mais, par les habitudes de la maison, par les entraînements involontaires
et continuels des discours et des exemples, M. Burnouf dé-
concertait lui-même ses projets pour l'état de son fils. Tous
les entretiens roulaient sur la philosophie du langage, sur
les grammaires comparées, sur l'histoire de la parole; et le
jeune élève en droit y prenait un plaisir singulier, et s'y faisait déjà remarquer par la sagacité de ses réflexions et de ses
aperçus.

C'était le temps où M. de Chezy venait d'inaugurer l'enseignement public du sanscrit en Europe. M. Burnouf père

se fit aussitôt le plus assidu de ses disciples, et en 1819,
dans la sixième édition de sa *Grammaire grecque*, il déposait
le fruit de ses récentes études, révélant à ses collègues de l'U-
niversité la communauté d'origine des dialectes helléniques
avec le sanscrit. La révélation se faisait aussi pour E. Burnouf, et l'inspiration s'ensuivit, et le changement des des-
seins pour l'avenir. Son père ne voulut pas le contrarier, et
c'eût été un irréparable dommage pour la lumière des lettres
qu'il en fût arrivé autrement. Les avocats ne manqueront
jamais aux passions des plaideurs et à la gloire de l'éloquence; mais l'érudition ne rencontre pas aussi aisément de
ces esprits merveilleusement doués, et, par fortune rare,
unis à un caractère de modestie et de constance qui les
élève et les maintient dans les régions supérieures aux ten-
tations d'intérêt et d'ambition, auxquelles les exposerait
plus que d'autres l'énergie même de leurs éminentes facultés.

Depuis la renaissance, la France n'a point cessé de porter
en tête des nations de l'Europe le flambeau des lettres orientales. A la France appartient l'honneur d'avoir créé cet enseignement spécial; à elle aussi, l'initiative des voyages à la
recherche des monuments de l'écriture dans les contrées de
l'Asie; à elle, les premiers essais notables de cette philologie appliquée à l'histoire : Postel, Bochart, d'Herbelot et
leurs imitateurs, et les orientalistes du collége fondé par
François Ier, noble lignée de noms célèbres ou dignes de
l'être, qui gardèrent par des traditions constantes la préémi-
nence des doctrines françaises durant plus de deux siècles! Le
commencement de celui-ci a été encore pour elles une époque
de rénovation et d'immenses progrès. Elles acquièrent alors,

6

particulièrement dans les trois langues musulmanes, une
autorité déférée par le consentement de l'Europe savante
aux ouvrages lumineux, à la critique supérieure, à l'activité propagatrice du maître avoué de tous, le vénérable Sil-
vestre de Sacy, de qui les Arabes eux-mêmes apprirent,
avec une netteté et une précision dont ils ne se doutaient
pas, les lois de leur grammaire et celles de leur poésie; Sil-
vestre de Sacy, dont les encouragements font surgir autour
de lui des générations capables de soutenir et d'étendre la
gloire de son riche héritage. C'est à lui principalement,
c'est à sa haute et puissante influence, qu'on dut, en ce
temps, la création de deux chaires nouvelles au collége de
France, celle dans laquelle Abel Rémusat devait avoir un
successeur que l'Europe nous envie (1), celle où Chezy devait
être effacé par E. Burnouf.

Je l'avouerai, au moment d'entrer dans le récit de cette
vie si doctement laborieuse, je m'arrête effrayé de la grandeur du sujet et du néant de mon impuissance à louer, à
juger, que dis-je? à connaître tout ce qu'elle a produit, tout
ce qu'elle avait préparé.

Ce serait une témérité à moi, si ce n'était un devoir, de
vouloir seulement en retracer une ombre. Mais en présence
d'un beau débris, d'un chef-d'œuvre interrompu par un
événement fatal, tout homme, s'il n'est pas inculte et bar-
bare, et s'il est averti par la renommée, admire ce qu'il
contemple, et on lui permet d'exprimer son sentiment, plutôt que son opinion, surtout s'il s'éclaire du jugement des
maîtres. Ainsi tout ce discours sera l'écho fidèle, quoique

_____

(1) M. Stanislas Julien.

affaibli, de ce que d'autres ont pu dire avec l'éloquence de
l'amitié et l'autorité du savoir.

Les leçons de M. de Chezy achevèrent très-heureusement
de ruiner les projets de profession lucrative qu'on avait for-
més pour E. Burnouf. Son père avait commencé par mégarde
et malgré lui d'en faire un philologue; M. de Chezy en fit
un indianiste qui ne fut pas de son école.

Chezy, douce et mélancolique nature, imagination élégante et classique, s'était épris surtout des formes et de la
poésie de ce langage qui lui semblait une émanation de
l'Éden; et, soit esprit de système, soit désir d'attirer plus
facilement son auditoire à cette littérature inconnue, il n'en
montrait les beautés que parées de gaze et de broderies, et
il s'appliquait à ramener aux proportions et au dessin de la
physionomie française ces étranges et gigantesques figures,
substituant un idéal artificiel à l'idéal véritable.

E. Burnouf se proposa un objet plus viril et plus sérieux,
il voulut rechercher les traces de la filiation des peuples, les
liens de parenté entre l'Orient et l'Occident, et les titres héréditaires des races européennes, conservés dans les analogies des signes de la pensée; démêler et promulguer les lois
de décomposition des idiomes originaires dans les langues
anciennes et dans les langues modernes, retrouver enfin par
la grammaire les grandes époques de l'histoire de la famille
humaine.

A la fin du siècle dernier, l'Angleterre, grâce aux succès
de ses armes et de sa politique dans la presqu'île du Gange,
obtenait sur la France un avantage scientifique dont elle
n'avait pas sans doute alors le loisir d'être sensiblement tou-
chée. Elle devança la France dans la connaissance et la pra-

6.

tique de la langue sacrée des Hindous. A la suite des armées conquérantes, s'étaient établis les comptoirs de la compagnie, puis, auprès et à l'ombre des comptoirs, l'école des indianistes. De 1780 à 1815 brillent des noms mémorables, William Jones, Wilkins, Colebrooke. Pas un nom français ne commence même à poindre à côté d'eux. Les premiers indianistes chez nous, comme en Allemagne, reçoivent un commencement d'instruction d'un Anglais sorti de l'école de Calcutta (1).

Nous dûmes à E. Burnouf de reconquérir la priorité dans plusieurs branches de cette science, et la supériorité à certains égards. Des dictionnaires, des grammaires, des livres en quelque sorte usuels, des traductions de poëmes, étaient le fruit d'un estimable labeur aidé par les brahmanes et borné à la littérature sanscrite. Ce qui avait été jusqu'alors le but final des études ne fut pour E. Burnouf qu'un instrument.

Il se sentait attiré et poussé vers les parties inconnues et les moins accessibles de la science, non par un caprice d'orgueil pour la difficulté à vaincre, ni par une manie d'innovation et de singularité, mais par la conscience en quelque sorte d'une obligation spéciale et personnelle, et par l'autorité d'une voix intérieure qui l'avertissait qu'il y avait là une vérité à découvrir, appréciable seulement au petit nombre, et enveloppée d'ombres si épaisses, cachée dans des profondeurs si abstruses, que, pour l'atteindre ou seulement la poursuivre, il fallait un homme qui, à la vivacité pénétrante

_____

(1) M. Hamilton.

et à la ténacité invincible de l'esprit, joindrait une parfaite abnégation de la renommée facile et populaire.

Imaginons que dans un de ces pays lointains de la haute Asie, dont les habitudes de langage sont séparées des nôtres par la différence si profonde des systèmes d'écriture et de prononciation et des procédés de syntaxe et de grammaire, on entende parler de latin pour la première fois, et que pour la première fois on en lise, on en explique des exemples écrits; imaginons qu'un docte brahmane apprenne la vieille latinité d'une manière si nette et si sûre, qu'ayant rencontré ensuite des manuscrits de théologie subtile, de scolastique obscure en langue italienne, il sache tout d'abord, à travers les altérations des radicaux, les déformations des désinences, les idiotismes de création relativement récente et les mélanges de sources étrangères, deviner les rapports originels des deux langues, puis déterminer les lois de dégénérescence et de transfiguration de la première en la seconde, et enfin composer du dépouillement des manuscrits un dictionnaire et une grammaire, et reconstruire ainsi une langue ignorée chez lui : on admirerait un tel prodige de logique et de sagacité.

Voilà ce que fit E. Burnouf pour la langue palie, issue du sanscrit, comme l'italien du latin; voilà son coup d'essai à l'âge de vingt-cinq ans. Il faut dire qu'il s'était associé dans cette entreprise un de ses condisciples au collège de France, nom célèbre aussi, M. Lassen, pour qui ne furent point interrompues dans la suite ses communications amicales et confidentielles.

Dès lors E. Burnouf comptait entre les maîtres de premier ordre dans l'estime des juges compétents. L'Université

voulut l'engager dans les rangs de ses professeurs, non pas
pour un enseignement ordinaire, mais pour la fondation
d'une chaire dont on n'avait pas encore eu l'idée, quoiqu'elle
dût être la base et le couronnement de toutes les autres
dans l'ordre des lettres, et qui se ferma cependant aussitôt
après son rapide passage, faute de successeurs ou de soin
d'en chercher. Elle ne devait se rouvrir qu'à vingt ans d'in-
tervalle, de nos jours, grâce à une bonne inspiration des
chefs de l'instruction publique, et se rouvrir doublée, agran-
die, d'un côté par les écrits et les conférences d'un jeune
helléniste, déjà professeur éprouvé (1), de l'autre, par les
leçons d'un septuagénaire que soutient et anime une vigueur
juvénile, et dont le vaste savoir embrasse dans l'étude du
grec toute une encyclopédie littéraire (2).

E. Burnouf, dans son cours de l'École normale, créa l'enseignement de la grammaire comparée en France. Le professeur était tout au plus l'aîné de son auditoire; il le domina
tout d'abord, à défaut de l'autorité des ans, par l'ascendant
de l'intelligence. Cette jeunesse de l'École, instruite assez
pour acquérir l'instruction supérieure et définitive, et pour
juger ceux qui la lui donnent, sévère, mais équitable,
comme on l'est à cet âge, goûta avidement et reçut avec respect cette doctrine austère, forte et lucide. C'était pour eux
la science nouvelle, dont ils n'avaient point vu d'exemple

---

(1) M. Egger, maître de conférences à l'École normale, aujourd'hui membre
de l'Académie des inscriptions.

(2) M. Hase, professeur de grammaire comparée à la Faculté des lettres de
Paris.

dans les livres, ni de modèle dans les cours publics, et qui leur offrait le double intérêt de la solidité du fond et de l'excellence de la méthode. Avec quel soin ils recueillaient dans leurs cahiers la substance de ces entretiens si utiles! Avec quelle fidélité ils se sont transmis de promotion en promotion et se rappellent encore cette tradition écrite, comme parole du maître et oracle de l'École!

L'épidémie de 1832 éprouva cruellement le collége de France; trois de ses professeurs, dans la maturité de l'âge, du talent, des succès, trois inaugurateurs de cours sans précédents en Europe, succombèrent. Mais le sein de la France est inépuisable à réparer les désastres causés par les fléaux de la nature ou par les fautes des hommes: à Champollion, le révélateur de l'antique Égypte, succédait Letronne, l'interprète de l'Égypte grecque et romaine; à l'ingénieux Abel Rémusat, un homme qui a reçu du ciel le don des langues, et qui a pris le pas devant tous les sinologues de l'Occident (1); à de Chézy, E. Burnouf.

Je n'ai pas eu le bonheur d'assister à son cours; mais j'ai souvent ouï dire à ceux qui l'ont suivi qu'on ne connaît pas tout à fait E. Burnouf, quand on n'a point entendu cette parole tour à tour familière et élevée, aiguisée et douce, grave et passionnée, toujours claire, naturelle et facile; ces démonstrations sur des sujets obscurs, toujours compréhensibles aux cerveaux les moins ouverts; ces réflexions profondes et inattendues sur l'histoire du langage; ces aperçus vastes et nouveaux sur la marche de l'esprit humain; cette logique si forte et si agile à saisir les rapports les plus capri-

_____

(1) M. Stanislas Julien.

cieux, les subtilités les plus fugitives, les fantaisies les plus
rêveuses de la pensée indienne, que cette force devenait une
beauté, cette agilité une grâce qui charmait l'auditoire en
l'instruisant.

Mais l'instruction qui semblait couler par un jet si naturel
de cette source abondante, ne se livrait pas gratuitement à
celui qui la prodiguait aux autres. De ces leçons qui se ré-
pétaient deux fois par semaine, il n'y en avait pas une qui ne
lui coûtât sept ou huit heures de préparation : exemple à
méditer pour qui, dans le ministère du professorat, se croi-
rait dispensé d'un labeur assidu par la science acquise et par
les dons de l'esprit. E. Burnouf continua ainsi vingt années, non-seulement avec la régularité soutenue du devoir,
mais avec la passion ardente de l'apostolat, pour un petit
nombre d'auditeurs, ces apparentes improvisations, qui, par
l'unité du plan et par l'élégante correction du discours, furent comme un grand et excellent livre.

Pourquoi n'en a-t-il pas répandu dans le monde et con-
servé pour l'avenir quelques pages au moins par l'impression? Mais il était trop enfermé dans le silence laborieux de
son cabinet pour se livrer aux distractions de la publicité.
Et, quand il avait rempli son devoir de professeur, la liberté
des travaux de son choix ne se portait pas sur des terrains
ameublis et préparés pour la moisson; il lui fallait des landes
et des forêts sauvages à défricher.

Observons que pour lui s'effaçaient les différences de
pays et de nations dans le domaine de la science; il n'y
voyait que le patrimoine universel et indivis du genre humain, et il s'abstenait d'entreprendre ce qui lui paraissait
bien entrepris ailleurs, soit par un sentiment de délicatesse

à l'égard des personnes, soit pour éviter, dans l'intérêt commun, un double emploi des forces.

C'est ce qui détermina plus tard, lorsqu'il eut à choisir le sujet d'une publication sous les auspices du gouvernement, sa préférence pour un des Pouranas, à l'exclusion des Védas. Il n'était pas possible que l'Imprimerie impériale ne demandât pas à l'illustre professeur de sanscrit la traduction d'un ouvrage pour sa splendide collection orientale. Des savants d'Allemagne et d'Italie avaient commencé ou annonçaient les éditions traduites des principaux monuments de la littérature sacrée de l'Inde : tranquille de ce côté, il prit pour lui la part la plus humble et la plus fastidieuse, le Baghavata-Pourana, et il la traita comme si elle eût été la plus magnifique. L'exécution la rendit telle en effet.

L'école anglaise de Calcutta suivait et remplissait son sillon, depuis longtemps tracé, d'interprétation littérale et de grammaire pratique. D'autre part, s'était élevée depuis quinze ans l'école allemande de philologie comparative et de grammaire appliquée à l'anthropologie et à l'histoire. Guillaume Schlegel, Guillaume de Humboldt, M. Bopp, M. Lassen, avaient inauguré cette méthode nouvelle, où s'alliaient la critique et la philosophie, pour retrouver à travers les lieux et les siècles la souche commune aux rameaux épars de la race indo-européenne.

Par une disgrâce heureuse de l'âge, E. Burnouf était tard venu dans ce concours; il n'y avait place pour lui qu'à la suite des premiers, et, de sa nature, il répugnait à se traîner sur les pas des autres. Il fallait chercher sa fortune dans une voie nouvelle; il la trouva.

Vers la fin du siècle dernier, la France délicate, voluptueuse et frivole de Louis XV s'entretint pendant quelques jours, les uns avec admiration, les autres avec une pitié railleuse, d'un savant, d'un héros qui, n'ayant pas assez de bien pour payer son passage aux Indes, s'enrôla dans une troupe de marine, puis traversa quatre cents lieues de pays inconnus et sans routes, sous le soleil des tropiques, souffrit la faim, la soif, le plus triste dénûment, plusieurs maladies ordinairement mortelles dans ces climats, les humiliations de la mendicité et de la servitude, lutta contre les périls et les dégoûts que lui suscitaient des haines superstitieuses, tout cela pour rapporter dans sa patrie les textes avec une traduction des livres religieux de la Perse antique. On aurait été moins surpris qu'il s'exposât à tous ces maux pour s'enrichir par le commerce des étoffes et des épices. Cependant, retrouver la langue et la littérature sacrée d'un peuple qui avait régné sur l'Asie et poussé ses conquêtes jusqu'en Afrique et en Europe, ressaisir en original des dogmes qui persistent encore au fond de l'Inde après tant de siècles, et qui se sont mêlés dans les grandes hérésies d'Occident au moyen âge, c'était un intérêt suffisant pour lui, et que la postérité a trouvé assez grand.

Anquetil-Duperron publia, en 1771, sa traduction du Zend-Avesta, et déposa à la Bibliothèque du roi dix-huit manuscrits zends, ou pehlvis, qui devaient servir à vérifier l'exactitude de sa version; car il voulait, avant tout, uniquement la vérité, qu'elle vînt de lui ou par un autre, dût-il encourir les rigueurs de la critique. L'amour-propre d'écrivain, les récompenses de la renommée n'arrivaient pas jusqu'à son âme. Il ne se dissimulait point qu'il n'avait pas pu en savoir plus que son maître, le destour qui lui expliqua le

livre sacré, non sur l'original zend, que ce maître ne compre-
nait point lui-même, qu'il savait à peine lire, mais à l'aide d'une
traduction pehlvie, qu'il entendait encore médiocrement. On
aurait, par comparaison, la mesure des connaissances du
docteur indien, si l'on supposait qu'un curé d'un village de
la Bretagne ou de la Provence, possédant un texte des saintes
Écritures en grec qu'il ne saurait pas du tout, l'interpréte-
rait avec une traduction en langue latine, qui ne lui serait
pas familière. Anquetil-Duperron, dont la loyauté égalait le
courage, offrit à qui voudrait corriger ses fautes le texte
original; et, comme le Spartiate qui se félicitait que le peuple
eût trouvé un meilleur citoyen que lui, il souhaitait que la
vérité trouvât un interprète plus habile. Elle attendit soixante
ans.

Jusque-là son livre fut, pour tous ceux qui écrivaient sur
l'histoire des adorateurs d'Ormuzd, une autorité fondamen-
tale et indubitable. Cependant on n'avait encore du Zend-
Avesta qu'une version dont personne, en comptant le traducteur lui-même, ne lisait bien l'original, personne en
Europe ni en Asie, personne chez les Parses mêmes de
l'Inde, qui le gardaient comme gage et symbole de leurs
croyances.

Enfin, poussé par son instinct d'investigation et par un de
ces pressentiments que le ciel envoie à ceux qui ont su s'y préparer, E. Burnouf examina les manuscrits zends d'Anquetil-
Duperron. Il avait, de plus que lui, une traduction sanscrite du Zend-Avesta, mais qui n'était encore qu'une traduction de la traduction pehlvie, tant la connaissance de la
parole primitive s'était retirée du commerce des hommes
dans une profondeur ténébreuse. E. Burnouf aperçut mal-

gré les altérations subies dans ces transmissions successives,
l'identité d'origine entre le Zend et le sanscrit. Le voilà sur
la route, il ne se reposera pas qu'il n'ait touché le but.

Il veut réhabiliter et d'abord ressusciter une littérature
qu'on commençait à rejeter dans le néant des inventions
apocryphes et des déceptions ridicules.

Cuvier refait, avec un os maxillaire ou un fragment de
tibia, toute une espèce perdue. E. Burnouf, résolvant chaque
mot du texte zend en ses parties les plus élémentaires, re-
cherchant à la trace, ressaisissant les radicaux dans les Védas,
dans le grec, dans le latin, et jusque dans les idiomes ger-
maniques, dégageant les accessoires modificatifs et les expli-
quant par l'analogie, recompose et ranime la parole morte,
la pensée ensevelie dans la poussière des nations éteintes. Il
a dit à ce livre inaccessible et muet depuis des milliers d'années : « Tu sortiras de ton antique silence, tu seras entendu
des races vivantes, » et le miracle s'opère. Demandez aux
orientalistes, à ses savants amis, qui ont assisté aux progrès
de ce travail immense dans ses résultats, d'une si minutieuse
exactitude dans le détail; demandez-leur par quels prodiges
de sagacité et de persévérance il a pu arracher à ce sphinx
de l'antiquité des secrets qu'il tenait cachés sous le voile de
caractères indéchiffrables et de signes inconnus, déchirer
maille par maille ce tissu mystérieux, qui avait désespéré
les curieux et pieux efforts de tant de générations, tirer de
ces obscures énigmes l'histoire lumineuse et authentique
d'une langue et d'une religion, et parvenir à nous donner le
dictionnaire et la grammaire de l'idiome qui se parlait chez
les ancêtres de Zoroastre et de Darius, fils d'Hystaspe.

E. Burnouf avait alors trente-deux ans.

La solution de ce problème lui donnait la clef d'un autre non moins compliqué, non moins important. Que pouvaient signifier les pages écrites sur les rochers de Persépolis et d'Hamadan en traits bizarres, inextricables, devant lesquelles tant de siècles avaient passé sans y comprendre rien, depuis que l'Asie, hellénisée par la conquête d'Alexandre et le règne des Séleucides, avait vu ensuite les derniers restes des traditions persanes fuir au loin l'invasion de l'islamisme ou se perdre sous son empire? Sur des rapprochements ingénieux de circonstances locales et de quelques récits des auteurs grecs, sur des présomptions tirées de la place et du retour de certains mots, on avait tenté un essai d'interprétation probable, hasardeuse; Grotefend avait deviné les noms de *Darius* et de *Xerxès*; Saint-Martin et le docteur Rask de Copenhague, le titre de *roi des rois*. Mais pour déterminer la valeur de ces caractères et de ces syllabes, connaissait-on l'orthographe des mots? Savait-on à quelle langue ils appartenaient? On conjecturait très-habilement, très-doctement, mais on ne savait pas lire. L'interprète des textes zends débrouilla ces obscurités, et remplaça les hypothèses par l'explication démonstrative. Il connut, lui, le langage de l'inscription. Il rétablissait les mots orthographiquement, et des mots rétablis il déduisait les caractères, il lisait; il était près de rendre aux vieilles annales de la Perse un ordre nouveau de monuments historiques, autant que les actes officiels peuvent enseigner la vérité de l'histoire, autant que le témoignage de l'historiographe peut égaler le récit de l'historien.

Là E. Burnouf est encore le premier, et nul ne peut,

même en se prévalant d'une priorité de publication, lui dis-
puter l'initiative, la priorité de la découverte.

On ne sait ce qu'il faut le plus admirer en lui, de cette
force d'intuition qui triomphait des sujets les plus réfrac-
taires, ou de cette application consciencieuse à préparer la
matière de ses ouvrages. Pour l'édition, avec traduction en
regard, du *Baghavata-Pourana*, vingt mille vers scandés,
vérifiés un à un, toute la métrique notée, toutes les va-
riantes recueillies. Pour ses autres livres, des centaines de
manuscrits zends, sanscrits, palis, et des divers dialectes,
disséqués mot par mot, tous les mots transportés en caractères parfaitement peints sur des cahiers dans un ordre alphabétique, avec l'indication des radicaux et l'explication
des formes grammaticales; des traductions littérales de la
plupart de ces écrits, liturgies, poëmes ou histoires; enfin
plus de dix mille pages in-folio remplies de ces études élémentaires d'un maître consommé, dont lui seul était ca-
pable : voilà ce qu'il laisse inédit. Je les ai vues, je les ai
touchées ces précieuses reliques de celui qu'on a justement
appelé un érudit de génie, et qui était persuadé que le génie ne peut vivre et mûrir qu'à la chaleur continue du travail.

Les improvisateurs de systèmes, les aventuriers de la
science, accoutumés à conclure d'un fait particulier une loi
générale, et qui abrègent d'autant moins leurs expositions
qu'ils ont abrégé davantage leurs recherches, trouveront le
procédé d'E. Burnouf bien terre à terre. Il ne franchit point
l'espace en trois élans comme le Dieu, mais il ne fait point
de faux pas comme tant d'hommes célèbres. S'il s'arrête aux
menus détails, c'est qu'il veut avoir tout vu, et bien vu,

pour ne montrer que ce qu'il faut. Patience; son regard est
vaste et profond, quand vient le moment d'embrasser l'ensemble des idées. «C'est l'Inde, disait-il à l'ouverture de
son cours; c'est l'Inde avec sa philosophie et ses mythes, sa
littérature et ses lois, que nous étudierons dans sa langue.
C'est plus que l'Inde, c'est une page des origines du monde,
de l'histoire primitive de l'esprit humain, que nous essaye-
rons de déchiffrer ensemble... C'est en nous une conviction
profonde, qu'autant l'étude des mots, s'il est possible de la
faire sans celle des idées, est inutile et frivole, autant celle
des mots, considérés comme signes visibles de la pensée, est
solide et féconde. Il n'y a pas de philologie véritable sans
philosophie et sans histoire. »

Aussi, de ces courageuses et lentes analyses, qui préve-
naient toute conjecture hasardée, toute erreur de doctrine
préconçue, quelles puissantes et magnifiques synthèses al-
laient sortir! C'est à une telle probité de méthode que
nous devons, avec le *Lotus de la bonne loi*, l'*Introduction à
l'histoire du bouddhisme*, exposition et histoire d'une espèce
de religion athée, embrassée aujourd'hui par deux cent
millions de sectateurs, qui n'a cessé d'agiter et de réfor-
mer l'Asie orientale depuis plus de vingt-cinq siècles, qui
tenta de ruiner le brahmanisme d'où elle est sortie, en oppo-
sant au dogme injurieux et décourageant de l'antipathie des
castes l'égalité originelle des hommes, et qu'on avait voulu
assimiler faussement, par quelques rapports incomplets de
doctrines morales et ascétiques, au christianisme, malgré l'a-
bîme qui les sépare, l'un prêchant la transmigration des âmes
et leur anéantissement total comme terme de la perfection;
l'autre, leur immortalité dans l'identique unité d'existence.

E. Burnouf éclaira ces questions d'un jour nouveau, et, en déterminant les époques relatives du brahmanisme et du bouddhisme, introduisit un élément de chronologie dans l'histoire de l'Inde, qui semble ignorer les divisions réelles du temps.

Comment? par quels moyens?

Un Anglais, ou plutôt, par la libéralité de son caractère, un citoyen du monde savant, M. Hodgson, avait procuré, par son entremise, et aussi par ses propres dons à la Société asiatique de Paris, quatre-vingt-huit manuscrits rassemblés dans le Népâl, foyer primitif du bouddhisme; c'étaient les textes originaux de la doctrine. On n'avait eu jusqu'à présent que des traductions palies, cinghalaises, thibétaines, mongoles.

Il fallait non-seulement lire, interpréter, comparer des centaines de traités nébuleux et confus, mais discerner les âges des traditions qu'ils renferment, à la brièveté élémentaire ou aux amplifications successives des préceptes de mœurs et de liturgie, à la simplicité native ou à l'élégance plus ou moins ornée de l'exposition, aux formes plus ou moins vieillies du langage, et, de plus, exercer cette critique d'une philologie si délicate, d'un sentiment littéraire si fin, sur des écrits et des idiomes tels, que c'est avoir déjà beaucoup profité que d'en pouvoir comprendre bien quelques-uns. Voilà ce qu'il fit avec un plein succès.

Il n'est pas possible de satisfaire à tout et à tous; le monde se plaignait de lui, et le monde avait raison à son point de vue. Pourquoi refuser au commerce de la société les dons heureux qui pouvaient en faire l'ornement et l'agrément à la fois; ce bon ton, cette bonne grâce de manières et de langage, cette solidité de conversation revêtue d'élégance,

instructive sans pédanterie, aimable sans affectation, ce ton
exquis d'une douce malice qui se jouait avec tant de finesse
et de légèreté sur ses lèvres pour s'échapper en traits inat-
tendus et piquants, et, ce qui réussit plus que toute autre
chose auprès des hommes qui veulent qu'on les amuse, l'art
de se moquer d'eux sans qu'il y paraisse? Abel Rémusat l'avait
connu tout jeune encore, et s'était attaché à lui par goût et
par sympathie ; c'étaient deux esprits de même race.

Mais le monde réclamait inutilement. Le moyen d'aller
veiller le soir dans les salons? Il serait rentré souvent à
l'heure où sa matinée commençait; car il ne se croyait ma-
tinal qu'en se mettant à l'ouvrage à trois heures après minuit.
Il ne sortait guère que pour vaquer à ses devoirs d'acadé-
micien et d'inspecteur des caractères orientaux à l'Imprimerie
impériale. Et ne trouvait-il pas chez lui, dans les entretiens
de quelques amis et au sein de sa famille, tout ce qui plaît à
l'esprit et au cœur?

Cependant de tels hommes, quelle que soit leur modestie,
ne peuvent pas s'ignorer eux-mêmes ; ils ont conscience de
ce dont ils sont capables, et, partant, de ce qu'on a droit
d'exiger d'eux. E. Burnouf pressentait tous les services qu'il
rendrait à l'Académie par l'aménité attrayante de son esprit, par la vertu pratique autant que spéculative de son
intelligence, par le tempérament conciliant de son caractère,
si la compagnie venait un jour à lui confier le soin de son
régime intérieur. Dans sa pensée, le bien qu'il pouvait faire
devenait un devoir; ses amis l'encourageaient dans ce dessein; et ce fut une des fortes préoccupations, une des vi-
sées dominantes de sa vie académique, et à laquelle il fit même
de certains sacrifices.

8

Une circonstance extraordinaire vint tout à point pour vérifier cette destinée et autoriser une si légitime prétention.

Au lendemain du renversement d'une tyrannie très-débonnaire, lorsque surgit une liberté qui faisait peur, le gouvernement rendit à l'Institut ses comices trimestriels intérieurs des cinq académies. Certains moralistes arithméticiens ont remarqué que la facilité des délibérations n'augmente pas toujours en proportion du nombre des délibérants, et que, même chez les gens d'esprit, l'intelligence commune de l'assemblée n'est pas toujours égale à la somme des intelligences individuelles. E. Burnouf se trouvait, cette année, président de l'Institut. Ceux qui ne le connaissaient pas auraient pu craindre que, sortant pour la première fois de l'ombre de son cabinet, il n'éprouvât quelque embarras à dominer ce forum ou plutôt ce sénat littéraire. Il commença par atteindre le modèle de la perfection. Empêcher les discours de se heurter confusément sans froisser l'amour-propre de personne et sans tenir le frein trop serré à la discussion, ramener dans le droit chemin et à l'unité les opinions qui se dispersent et se fourvoient, faire respecter l'autorité de la présidence par la seule force de la raison manifeste, saisir l'à-propos du moment où la délibération se débrouille et s'éclaircit, pour marquer le point de transaction auquel tout le monde voudra se réunir: tel fut pour E. Burnouf, dans une épreuve imprévue, le triomphe de cette logique et de cette parole qui lui tinrent lieu soudainement de l'expérience et de la maturité.

Dès lors, il fut institué dans l'opinion unanime de l'Académie l'héritier présomptif de notre vénérable secrétaire perpétuel. Mais quatre ans après, lorsque s'ouvrit la succession, ses travaux l'avaient épuisé; il n'avait plus la force de paraître ni à l'Académie, ni au conseil supérieur de l'instruction publique, dont il était membre depuis quelques mois. Nous ne pûmes que déposer un honneur tardif sur le lit d'un mourant; il succombait, non à la peine, comme quelques-uns l'ont semblé dire, mais à l'ardeur de sa noble passion.

N'ajoutons pas à nos regrets de l'avoir perdu, la douleur d'imaginer qu'il ait mené une vie de souffrance et de captivité volontaire. C'est se méprendre étrangement sur la nature de ces âmes d'élite, de penser qu'il leur en coûte pour vivre ainsi, et de les appeler les martyrs de la science et les victimes de leur dévouement. Le monde et les lettrés mondains peuvent juger de la sorte : le travail est, en effet, à leurs yeux un effort pour monter, un moyen de parvenir, le prix d'acquisition plus ou moins onéreux d'un avantage de fortune ou d'ambition, et non une habitude naturelle, un besoin, une jouissance. Croira-t-on que ce fût par un vœu d'ascétisme et par une contrainte morale que E. Burnouf s'enfermait de longues heures dans la solitude de son cabinet? Ah! que l'on serait détrompé, si l'on pouvait, témoin invisible, assister aux méditations du savant inspiré, voir cette allégresse et cette ardeur profonde de la pensée en travail pour résoudre un grand problème; l'enthousiasme de cette évocation de l'esprit des peuples endormis sous leurs antiques ruines et qu'il semblait impossible d'en faire jamais sortir; ces tressaillements de bonheur à l'apparition de la vérité qui se découvre, et cette joie ineffable de connaître, qui retombe sur l'âme comme une délicieuse rosée après une chaleur brûlante, comme une intermittence de repos après l'effervescence de la fièvre : on comprendrait alors qu'il cède sans ménagement et jusqu'à l'imprudence à l'attrait irrésistible d'une studieuse volupté, à l'amour de son œuvre qui grandit, et qui va s'achever.

En vain les médecins inquiets lui ordonnent de se distraire, en vain les amis, la famille alarmée, le supplient de prendre un peu de relâche, quelques semaines, quelques jours seulement : « Non, un peu plus tard ; encore ce mémoire à finir, ces épreuves à corriger, » jusqu'à ce que la plume tombe de sa main défaillante pour toujours.

Et nous les pleurons ces égoïstes sublimes, qui abrégent une existence si précieuse à tous par les jouissances de l'étude et par l'intempérance du travail. Non, ne les plaignons pas ; ne plaignons pas ce confrère illustre dont la perte nous est si amère. Ce n'est pas avoir acheté à trop haut prix, d'une grande part de ses jours, de telles félicités pendant la vie, une telle gloire après la mort. Le deuil, la plainte est pour sa famille, à qui sa présence était si charmante et si nécessaire ; pour ses disciples, qui n'entendront plus l'oracle de sa parole ; pour le monde savant, qui espérait de lui encore tant de richesses nouvelles ; pour l'Académie, qu'il aurait gouvernée si utilement, avec une autorité supérieure autant qu'acceptée, et qui ne peut plus attendre de ceux qui lui succèdent que le service du dévouement.

Je me souviens que, le jour où nous assistions à ces funérailles si tristement prématurées, nous nous représentions quelle eût été la douleur du père de E. Burnouf, si, ce que l'âge rendait possible, il avait vu cette tombe s'ouvrir sous ses yeux. Heureux père, à qui la mort est venue assez à temps pour lui épargner l'inconsolable douleur de survivre à un tel fils, à son fils! Heureux, lorsqu'il sentit son regard s'éteindre doucement, de n'avoir vu de ce fils tant aimé, et si digne de l'être, que les succès éclatants, les progrès assurés, les espérances sans autre horizon qu'une lumière toujours croissante! Et maintenant ces deux belles intelligences, qui se comprirent si bien, qui s'entr'aidèrent si affectueusement pendant la vie, sont unies et s'embrassent dans l'éternel repos; leurs noms seuls peuvent être séparés dans la mémoire des hommes par la différence qu'ils mettent entre l'estime et la gloire, entre le profond savoir et le génie inventeur, entre ceux qui font l'honneur d'une famille et ceux dont le pays s'honore, et qui ont acquis le droit de lui léguer leurs veuves à doter, en lui laissant leur gloire. La France, depuis le commencement de ce siècle, compte trois noms dans la science envers qui une généreuse initiative du gouvernement a pris soin d'acquitter la dette nationale, Cuvier, Champollion, E. Burnouf.

RAPPORT

FAIT

A L'ACADÉMIE DES INSCRIPTIONS ET BELLES – LETTRES,

AU NOM

DE LA COMMISSION DES ANTIQUITÉS DE LA FRANCE,

PAR M. BERGER DE XIVREY.

Lu dans la séance publique annuelle du vendredi 18 août 1854.

Messieurs,

Toujours même affluence de mémoires, même variété de sujets; nos antiquités explorées sous toutes leurs faces. Peu d'institutions ont été mieux justifiées par le succès que ce concours si national. Chargé, en 1843, de vous présenter le relevé des ouvrages envoyés depuis la fondation, je constatai que, durant les vingt premières années, la Commission en avait reçu trois cents et quelques. Eh bien! nous en avons examiné, dans les douze années suivantes, plus de cinq cent cinquante.

Aujourd'hui, sur les cinquante-deux qui nous sont parvenus de tous les points de la France, il n'en est que sept dont nous nous bornions à constater l'envoi. Ce sont : la *Notice historique du tombeau de saint Véran à Vaucluse;* — une *Lettre sur une inscription du cloître de Moissac;* — un *Mémoire historique sur l'hôpital Saint-Nicolas de Metz;* — *La Flandre maritime avant et après la domination romaine;* — les *Recherches historiques sur les maladies épidémiques et contagieuses qui ont régné dans le Verdunois;* — l'*Histoire de l'abbaye de Montbenoît;* — la *Harouille, ou le Lundi gras au prieuré de Cons.*

Parmi les autres, on n'en trouverait aucun où l'on n'eût quelque chose à recommander. Ainsi, dans l'ouvrage intitulé *l'Alsace illustrée,* on ne peut certainement qu'approuver le courage qui a fait entreprendre en cinq grands et beaux volumes la longue tâche de traduire Schœpflin. Le rétablissement des noms de lieux et de personnes, assez souvent difficiles à reconnaître sous la forme latine dont les avait revêtus le docte historien de l'Alsace, est un travail utile. Cependant était-il bien à propos de traduire du latin tout un livre qui ne sera jamais qu'à l'usage des érudits? Un nombre assez restreint de lecteurs n'est-il pas en général une des conditions de nos études? Faiblement préparé, sans doute, le traducteur n'a pas toujours parfaitement compris les citations d'auteurs antiques. Il a eu surtout le tort d'intercaler, dans un texte si estimé, des additions que rien ne distingue du reste; exposant ainsi le lecteur à citer comme de Schœpflin telles assertions qui lui sont étrangères, dont il n'aurait pas accepté la responsabilité, dont il aurait pu même blâmer l'admission trop facile, et dépourvue d'un contrôle suffisant.

Cette facilité à accepter de confiance certains documents

qu'il faut au contraire soumettre à l'épreuve d'une critique
sévère, vous est signalée dans l'*Essai sur l'histoire des familles de l'ancien Poitou*. Un tel défaut fait plus que contre-
balancer, aux yeux de la Commission, le mérite qu'elle aurait eu tant de bonheur à louer dans cet ouvrage abondant
en faits précis, et fruit de recherches aussi laborieuses que
persévérantes. N'augmentons pas le danger des travaux généalogiques, exposés à descendre du rang honorable de
l'histoire au rôle d'une fâcheuse complaisance pour les prétentions de la vanité.

Voici un auteur dont plusieurs écrits sur l'église et la
ville de Rouen, adressés à vos précédents concours, y avaient
été distingués, toutefois avec le reproche d'une disposition
confuse et d'une prolixité excessive. Cette fois, la critique
ira plus loin sur son *Histoire de la Gaule avant la conquête
de J. César*. En ne se renfermant plus dans la Normandie,
l'auteur est tombé dans des erreurs trop graves. Un mémoire
où l'on dérive la Camargue des mots latins *Caii Marii agger*,
où l'on entre en matière par l'exposé de ce qui se passait
dans les Gaules quinze siècles avant Jésus-Christ, où la ville
de Bourges est placée sur la rivière du Doubs, ne saurait
entrer en ligne avec les travaux sérieux que nous présente-
rons tout à l'heure à votre approbation.

Maintenant, et avant d'arriver aux ouvrages pour lesquels
nous n'aurons presque que des éloges, nous vous nommerons
avec plaisir les auteurs de ceux où l'éloge l'emporte déjà, en
général, sur la critique. Tel est l'*Essai sur l'éclairage chez
les Romains*, où M. Loriquet fait preuve d'un esprit assez
fin et d'un zèle très-louable; mais il a évidemment dévié de
la route qu'il s'était d'abord tracée. Au moment d'écrire une

9.

histoire du luminaire de l'Église, sujet qu'il pouvait sans
doute traiter convenablement à Reims, il a voulu dire d'a-
bord ce qu'était l'éclairage chez les Romains. Mais ce préambule l'a entraîné bien au delà des limites d'un préambule,
sans qu'il pût embrasser son nouveau sujet, tout autrement
vaste que le premier. La Commission voit dans cette erreur
une occasion de rappeler aux savants qui habitent la province le conseil de s'attacher de préférence, dans l'intérêt
de la perfection de leurs œuvres, et par conséquent dans
l'intérêt de la science, aux travaux dont ils ont les matériaux
sur place autour d'eux.

M. le docteur Fouquet s'est tenu dans ces conditions en
traitant *des Monuments celtiques et des ruines romaines
dans le Morbihan.* Son opinion sur les *dolmen,* qu'il regarde
comme des tombeaux, et sur les *menhir,* où il voit des colonnes funéraires, ne tranche pas encore cette question, qui
peut-être ne sera jamais résolue, du moins avec les éléments
dont on dispose aujourd'hui. Son argumentation est plus
solide pour démontrer que des retranchements de César (où
n'en veut-on pas trouver?) ne sont pour rien dans certains
ravins naturels des environs de Vannes. Enfin il joint à ces
deux dissertations un catalogue des monuments gaulois du
département du Morbihan, qui pourra être commode à consulter.

Avec un style poétique, que motivent le genre de ses principaux documents, et jusqu'à un certain point la nature du
sujet, M. Louis de Baecker a traité de la *Religion du nord de
la France avant le christianisme.* Il a rassemblé, d'après un
plan un peu vague, des notions dispersées dans un grand
nombre d'ouvrages. La lecture est agréable; mais l'auteur

paraît un peu trop disposé à recueillir force menus renseignements, proverbes, dictons, petits usages locaux, croyances superstitieuses, dont un bon nombre, comme la superstition qui s'attache au vendredi, à la salière renversée, n'appartiennent pas plus au nord qu'au sud, et sont un peu de tous les pays.

M. Édouard de Barthélemy présente au concours deux ouvrages sur l'histoire ecclésiastique de la Champagne. Dans l'un, intitulé *Cartulaires de l'évêché et du chapitre Saint-Étienne de Châlons-sur-Marne*, il a bien résumé l'intérêt historique et moral de ces documents féconds, que l'on peut étudier sous tant de faces. L'hommage qu'il rend à l'influence du clergé français est très-légitime; mais peut-être y met-il trop d'insistance, et s'expose-t-il à quelque apparence de contradiction. Les magnifiques éloges qu'il accorde à l'esprit de paix, de sagesse et de désintéressement de l'Église en général, obligent à trop de restrictions dans ce livre par la conduite de beaucoup d'évêques de Châlons. Ces exceptions y sont assez fréquentes pour qu'on n'ose plus les alléguer comme confirmant la règle. Du reste la force salutaire du principe chrétien n'en ressort que mieux, en l'emportant ainsi sur la faiblesse et les mauvaises passions des individus.

L'autre ouvrage de M. Éd. de Barthélemy n'est pas achevé: c'est un *Essai sur les abbayes du département de la Marne*, où il travaille à compléter la *Gaule chrétienne*, par l'emploi des sources inédites que n'avaient pas consultées les auteurs de ce grand ouvrage.

L'*Introduction à l'Histoire générale de Languedoc des bénédictins Fr. Cl. de Vic et Fr. Joseph Vaissète* est un travail d'archives et de bibliographie, où M. Eugène Thomas

9.

porte un zèle de vérification digne de ces illustres religieux. On n'étudie pas sérieusement l'histoire sans posséder la pratique, en quelque sorte journalière, de leurs travaux ; et plus on les cultive, plus on admire tout ce qu'on y puise de faits et de solide enseignement. Ici l'on voit par quelles démarches, par quelle correspondance, par quels soins infatigables, s'amassaient et s'élaboraient ces matériaux d'une si grande richesse. C'est un bel exemple à suivre : on peut le proposer à tous les hommes de conscience et d'érudition qui entreprennent d'écrire l'histoire.

M. Louis Cousin a mis beaucoup d'attention à constater quel était l'emplacement de l'ancienne ville de *Quentowic*, dont les traces se perdent dès une époque reculée. Il démontre d'une manière satisfaisante que la ville d'Étaples, où l'on connaissait depuis longtemps des ruines romaines, a remplacé Quentowic, qui eut une certaine importance sous la seconde race de nos rois.

Dans un mémoire manuscrit sur l'office de maire du Palais, où l'on peut remarquer plus de lecture et d'étude que de sagacité historique, M. Lucien Merlet s'est attaqué à un sujet qui semblait ne plus avoir besoin d'être éclairci, après les travaux de M. Guizot, de M. Augustin Thierry, de M. Pertz. Les notions nouvelles qu'il a voulu y introduire sont très-contestables. Il étend naturellement son examen aux autres grandes dignités civiles et militaires de la cour des Mérovingiens. La prétention de déterminer, avec la précision d'attributions de notre époque, les fonctions de ces offices, prouve que l'auteur ne s'est pas parfaitement rendu compte de ce qu'il y avait de flottant et de vague en des

temps où le droit trouvait tant de difficulté à s'établir au milieu du désordre et de la violence.

Deux études nous sont parvenues sur la *Colonne de Cussy*,
ce monument antique de la Bourgogne, situé entre Beaune et
Autun. La première, par M. Paul Guillemot (1), se lit avec
intérêt. L'auteur s'attache principalement à discuter l'âge du
monument, et les événements qui ont pu en amener l'érec-
tion. Quant aux parties qui manquent à la colonne et aux
moyens de la compléter, l'idée de prendre pour chapiteau
une très-ancienne pierre du cimetière voisin, sculptée en
forme de vasque et appelée la pierre cornue, à cause de la
flexion des cannelures, paraît une idée peu conforme au
style du monument, presque également distant de la barba-
rie et de l'époque la plus pure.

Il est surprenant que cette colonne soit attribuée à Jules
César dans un mémoire fort bien fait du reste, et pour lequel la Commission vous demande une mention honorable.
C'est le rapport présenté par M. Henri Baudot à la commission archéologique de la Côte-d'Or, qu'il préside; étude
complète, traitée avec méthode et clarté. Les hypothèses historiques, où un assez grand nombre d'archéologues ont ap-
porté leur contingent, sont exactement énumérées, ainsi que
les moyens proposés pour conserver le monument et pour
le restaurer. Le projet de restauration qui fut adopté en
1821 était plutôt une opération de prévoyance et de con-
servation qu'une restauration proprement dite. M. Henri

---

(1) Ce travail est accompagné de deux autres morceaux, sur le temple
de Mavilly, et sur la légende de saint Martin.

Baudot rend hommage au juste sentiment de l'art dont fit preuve à cette occasion, comme préfet du département, l'un des confrères qui nous ont été récemment enlevés, parmi tant de pertes cruelles, M. Séguier de Saint-Brisson (1). Mais son influence ne put s'étendre aux actes de l'administration suivante, lorsqu'il eut quitté cette préfecture; et une restauration beaucoup trop entière fut exécutée en 1825, avec plaque de bronze et inscription commémorative.

Le concours est tellement riche, que la Commission vous propose d'accorder douze autres mentions honorables, dont dix seront attribuées à des recherches historiques variées, et deux à des travaux d'antiquité proprement dite.

Des antiquaires que nous distinguons ainsi avec M. Baudot, l'un est M. Martin d'Aussigny, qui s'est appliqué à bien fixer l'emplacement de l'*autel d'Auguste*, de l'antique Lugdunum. Il a solidement réfuté l'opinion qui place le monument sur la partie de la ville de Lyon où s'élèvent aujourd'hui les églises de Saint-Pierre et de Saint-Nizier; et il démontre avec non moins de succès, que l'opinion admise sur la situation du monument romain à Aïnai, au confluent même de la Saône et du Rhône, n'a cessé de se fortifier par toutes les découvertes locales qui se sont succédé dans ce quartier, comme l'avait constaté, durant quarante ans, avec une infatigable persévérance, notre ancien confrère M. Artaud, à la mémoire duquel M. Martin d'Aussigny rend hommage. Votre Commis-

(1) Il lutta avec succès contre M. de Clarac, qui demandait qu'on transportât la colonne de Cussy à Paris.

sion n'a relevé d'autre défaut dans cette dissertation que quelques étymologies hasardées.

Voilà donc un antique monument célébré par l'histoire, dont la situation est bien établie. Maintenant il s'agit d'un emplacement où des fouilles font reconnaître les traces d'un établissement romain très-considérable, qu'il faut apprécier, dénommer, rattacher à ses tenants et aboutissants de même antiquité. Ce travail s'exécute par les soins et aux frais de la commission archéologique de la Côte-d'Or, sur la colline de Vertaut, à cinq lieues de Châtillon-sur-Seine, point où se croisaient plusieurs voies romaines. MM. Mignard et Coutant ont fait à cette commission un rapport sur les résultats déjà obtenus par les fouilles. Restes d'édifices assez nombreux, d'un temple, de thermes, d'un aqueduc, de remparts flanqués de tours, de statues, de vases, d'ustensiles divers, de médailles enfin, dont les plus modernes sont de Constantin, tout autorise à reconnaître dans ces ruines rendues à la lumière les vestiges d'une ville antique. Son nom était *Landunum*, et se conservait encore il y a deux siècles, lorsqu'on fit sur la colline de Vertaut un premier essai de fouilles qui n'eut pas de suite. Celles-ci ont produit des résultats trop considérables pour qu'un tel abandon soit désormais à redouter. L'Académie joindra certainement ses vœux à ceux de la commission de la Côte-d'Or pour obtenir l'autorisation de continuer l'exploitation archéologique dans les terrains contigus. La suite de ces travaux reviendra tôt ou tard, et probablement dans un avenir peu éloigné, à votre concours, où ils recevront un accueil de plus en plus encourageant.

Entre les auteurs pour lesquels nous vous proposons les dix autres mentions honorables, s'offrent d'abord deux ecclésiastiques, qui par cette tendance studieuse de notre clergé, font de l'église même à laquelle leur saint ministère les unit, l'objet d'études où l'archéologie et l'histoire sont si bien secondées par la science religieuse. M. l'abbé Auber a écrit l'histoire de sa paroisse, *Saint-Pierre-les-Églises* près Chauvigny-sur-Vienne. L'exemple heureusement offert par notre confrère M. Le Prévost est compris. Sans égaler son modèle, M. l'abbé Auber a donné une œuvre très-estimable. S'il insiste un peu trop sur les détails secondaires, on peut dire que c'est le défaut du genre. Comme on entreprendra sans doute beaucoup de ces travaux, qui offrent un attrait si naturel aux pasteurs de la campagne, on ne saurait trop y recommander une méthode sobre et lucide. C'est celle de M. l'abbé Auber, si l'on excepte quelques-unes de ces excursions où il se laisse trop entraîner par l'ardent désir d'être partout exact et complet.

M. l'abbé Chambeyron, vicaire de *Notre-Dame de Belleville-sur-Saône*, a publié un travail analogue sur cette église et sur la paroisse qui en dépend. Le monument est d'un intérêt supérieur à celui de la petite église de Saint-Pierre-lès-Chauvigny ; le zèle est égal à celui de l'abbé Auber : mais ici le sujet n'est pas aussi heureusement traité. Il y a quelque chose de hasardé, et qui touche de bien près au paradoxe, dans les dissertations de M. Victor Chambeyron sur les différents styles d'architecture religieuse. Néanmoins l'ensemble de ce travail peut être honoré d'une mention à la suite du précédent.

Le point d'histoire qu'a choisi M. Combes, professeur au collége Stanislas, *Ministère et Régence de l'abbé Suger*, aurait pu se rattacher plus étroitement à l'objet principal du concours, par l'examen des édifices que ce grand ministre fit élever, des objets précieux qu'il rassembla, et sur lesquels il nous a laissé lui-même des détails si curieux pour l'histoire de l'art. Toutefois, si l'auteur ne se trouvait pas dans cette voie d'études, on ne peut le blâmer d'avoir traité de préférence ce qu'il est en mesure de bien apprécier.

L'administration publique de Suger, surtout ses efforts pour la réforme disciplinaire du clergé, sont caractérisés dans ce livre d'une façon qui n'a rien de vulgaire. Mais il y a trop de sévérité dans l'appréciation de ses devanciers. Évidemment on espère toujours faire mieux ; sans cela on ne prendrait pas la plume. Aurait-on fait aussi bien sans le point de départ qui leur est dû ? C'est là ce qu'il ne faut pas perdre de vue, non plus que l'indulgence dont on peut avoir besoin à son tour. La forme de cet ouvrage est-elle bien heureusement choisie ? Cette foule de petits chapitres fatigue et déroute le lecteur. C'est la coupe et la facture de l'*Esprit des lois*, moins le génie de Montesquieu. Ceci soit dit sans intention de sarcasme ; à la suite des esprits de cette trempe, il est encore de fort bonnes places dont un homme de mérite peut s'honorer.

Le mémoire manuscrit sur l'*Organisation judiciaire du Languedoc* est un de ces travaux solides dont les assertions ne s'appuient que sur des sources authentiques parfaitement vérifiées. Les élèves de l'École des Chartes, d'où est sorti l'auteur, M. Boutaric, savent faire de ces documents un utile emploi. Il n'est pas de concours où nous n'ayons à proclamer quelque succès de cette école laborieuse, dont l'Académie ne cesse de suivre les travaux, non-seulement par un patronage officiel, mais par l'intérêt qu'elle met à la sûre

10

épreuve du vrai. La complication de l'organisation judiciaire, dans une partie de la France où ces juridictions
très-multipliées se référaient si souvent, soit au droit
romain, soit à la jurisprudence des petits royaumes espa-
gnols, est démêlée ici par le secours des pièces judiciaires,
documents qui, comme le remarque l'auteur, ont été peu employés par dom Vaissète. Mais ce docte historien avait fait
un fréquent usage d'un genre de pièces dont l'absence est
une lacune sensible chez M. Boutarie. Ce sont les actes rédi-
gés en langue romane. Il est impossible d'examiner à fond
l'histoire du midi de la France, sans tenir compte de ces
sources locales, si nombreuses et si fécondes en renseignements, qu'on ne rencontre pas ailleurs.

Un tel appareil d'érudition n'était pas nécessaire à M. Gomart pour les notions qu'il a rassemblées sur les origines, la
construction, les différents propriétaires du *château de
Ham*, enfin sur les grands personnages successivement déte-
nus dans ce château, devenu prison d'État. Ce travail est
substantiel, plein de faits, sans digression oiseuse; les descriptions sont claires et exactes. Dans de telles conditions la
brièveté est un mérite, puisqu'en s'étenant davantage, on
diminuerait la précision sans augmenter la substance.

M. le comte Georges de Soultrait a fort bien rempli aussi
un cadre restreint, par sa monographie de la *numismatique
nivernaise*. L'importance de ces monnaies n'est, il est vrai,
que secondaire dans l'ensemble de notre histoire métallique;
mais de tels travaux, bien circonscrit, ont l'avantage de pouvoir atteindre presque la perfection, lorsqu'ils sont entrepris
par un auteur solidement préparé, ennemi des hypothèses,
au courant de tous les monuments, et d'une égale exactitude

dans la description des pièces, l'interprétation des blasons, l'histoire et les embranchements des familles.

Bien des défauts du livre de M. Aug. Bernard sur l'*origine et les débuts de l'imprimerie en Europe* tiennent peut-être aux proportions trop vastes du sujet. Nous ne vous entretiendrons pas de la partie étrangère à la France. L'ouvrage lu tout entier et analysé avec soin, le quart seulement reste de notre compétence. Encore, pour réunir ce qui est français, faut-il grouper des documents que l'auteur a déclassés par une division arbitraire, ajoutant la Belgique à la France, et plaçant dans son domaine Bruges, Louvain, Bruxelles, Anvers et Utrecht; tandis qu'il nous enlève Strasbourg, pour en enrichir l'Allemagne. En reprenant cette ville, et la joignant à Paris et à Lyon durant une partie de la seconde moitié du XVᵉ siècle, nous aurons tout ce qui dans cet ouvrage nous appartient réellement. Mais, comme les faits rassemblés là sont bien établis et posent quelques jalons certains pour l'histoire de l'art civilisateur par excellence, l'Académie distinguera honorablement l'ouvrage de M. Bernard, par une pensée analogue à celle de feu M. Daunou, que l'auteur cite très-convenablement au début du livre: « Rechercher en quel temps et par qui fut inventé un tel art, ce n'est pas seulement une curiosité légitime ; c'est aussi de la reconnaissance. »

La variété du concours se fait sentir au rapporteur par la difficulté des transitions pour passer d'un sujet à un autre dans l'énumération de ces différents mémoires. Celui que M. Lecaron vous a adressé en manuscrit est l'*Histoire du commerce par eau et de la corporation des marchands hansés de la ville de Paris, ou municipalité parisienne au moyen âge*. L'auteur est encore sorti de l'École des chartes; on s'en aperçoit aisément à ce qu'il y a d'authentique et de bon aloi dans les documents qu'il met en œuvre. Il prend à l'origine et suit jusqu'à l'ordonnance de 1415 l'organisation du commerce de la ville de Paris, dont le premier magistrat municipal fut toujours honoré du titre de prévôt des marchands, depuis saint Louis au moins (1) jusqu'à la révolution de 1789. M. Lecaron a bien proportionné son travail; il passe rapidement sur l'obscurité des premiers commencements. Mais le peu qu'il en dit aurait pu être plus soigné; et l'on est en droit, par exemple, de reprocher à un esprit judicieux d'avoir attribué à la rapide conquête de Jules César ces voies romaines d'une solidité indestructible, œuvre des époques d'une domination tranquille et bien établie.

M. Henri Lepage, qui a déjà paru honorablement à nos concours, a fait pour la Lorraine quelque chose d'analogue à ce travail de M. Lecaron sur la ville de Paris. Un des ouvrages qu'il adresse cette année traite des *corporations de métiers dans la Lorraine, le Barrois et les trois évêchés;* un autre, *de l'industrie en Lorraine,* et principalement dans le département de la Meurthe. De l'industrie aux arts, le passage est tout naturel : M. Lepage, dans un troisième morceau, a rassemblé des *notes sur les peintres lorrains du XVe, du XVIe et du XVIIe siècle.* L'art lui saura gré des preuves qu'il publie de la protection qu'accordaient ces grands princes lorrains à leurs artistes, leur conférant des lettres de no-

---

(1) L'acte le plus ancien où soit nommé ce magistrat est de 1258, mais on voit bien là que cette magistrature n'était pas nouvelle.

blesse, donnant, dès la première moitié du XVIe siècle,
l'exemple de ces envois en Italie si propres à épurer le goût,
à échauffer l'inspiration. Il faut quelque réserve de critique
sur les deux premiers morceaux : pour les temps antérieurs à
l'introduction d'un art, d'une industrie dans sa province,
M. Lepage ne nous offre que des compilations et des redites,
sans rien qui lui soit propre ; il n'est original et instructif
que sur ce qui touche directement à la Lorraine.

M. Boullangé s'est mieux circonscrit dans cette province.
Il s'est même restreint au *département de la Moselle*. Dans
les onze brochures qu'il vous a adressées sur différents
points de ce département, il en a étudié les monuments
avec attention, les a représentés dans de bons dessins, a
relevé la trace de toutes les antiquités, a recueilli les traditions. Il ne lui reste plus qu'à coordonner ces recherches en
un volume, pour en former un travail d'ensemble, auquel
un accueil favorable est assuré.

Vous voyez, Messieurs, quelle est notre richesse ; car nous
arrivons seulement aux noms que nous vous proposons de
distinguer par des mentions très-honorables. En 1842,
le concours parut trop faible pour l'application d'une première médaille : cette année nous avons regretté de n'en
avoir pas le double. Nous aurions décerné la quatrième à
M. d'Arbois de Jubainville, archiviste de l'Aube. Il est placé
en tête des mentions très-honorables, pour sa publication du *Pouillé du diocèse de Troyes*. Ce pouillé, dressé
en 1407, est comparé par l'éditeur avec une même statistique
diocésaine rédigée en 1754. A cette publication sont encore
jointes vingt-quatre pièces justificatives, bien choisies, sur
le revenu du clergé de Troyes en divers temps, sur le prix

du blé dans la même ville pendant quarante-quatre années
du XIV⁰ siècle et vingt-cinq du XVIII⁰, etc. Du rapprochement
de ces différentes pièces l'éditeur tire des inductions sûres
pour établir le fait de la diminution continuelle des revenus
ecclésiastiques, et mesurer la marche décroissante de la valeur de l'argent. Peut-être manque-t-il un peu de clarté pour
faire apprécier aisément les bases des calculs longs et com-
pliqués nécessaires à ce travail.

La seconde mention très-honorable est attribuée à un autre archiviste, M. Rossignol, qui a également tiré un grand
parti des archives de Dijon. Il n'a pas cette exactitude ri-
goureuse que nous louons dans son collègue de l'Aube ; mais
cette qualité n'était pas aussi indispensable au sujet qu'il a
choisi, savoir l'*Histoire de la Bourgogne* dans les sept années
comprises entre 1476, date de la mort du duc Charles le Téméraire, et la réunion de la Bourgogne à la France, en 1483.
Les preuves de la résistance intérieure que ce duché mit à
l'adjonction sont l'objet du livre de M. Rossignol, écrit avec
un patriotisme bourguignon qui va jusqu'à se montrer hos-
tile à la France. Singulier écueil de plusieurs travaux d'histoire locale, entrepris par des auteurs qui hors de leur cabinet sont d'excellents citoyens! Dans cette guerre qu'il fait
à Louis XI, l'historien dijonnais met une ardeur dont son
style s'anime et se colore. Mais ce que nous plaçons ici
avant le style, c'est la profondeur et l'étendue des recherches,
les résultats neufs dont l'histoire est enrichie par ce travail.

Voici encore un ancien élève de l'École des chartes,
M. André Salmon. L'ouvrage qui lui mérite la troisième
mention très-honorable est la publication des *Chroniques de
Touraine*. Ce recueil ouvre la série de documents originaux

que la société archéologique de Touraine se propose de publier sur cette province. Sur seize chroniques dont se compose ce volume, six sont entièrement inédites, et deux n'ont été précédemment imprimées que par fragments. Tous ces textes sont donnés ici en entier. M. Salmon fait précéder les seize chroniques d'autant de notices très-substantielles, où il établit solidement l'authenticité de ces documents, en montre l'utilité historique, fait connaître les voies par lesquelles ils nous sont parvenus, et donne sur les auteurs les renseignements qu'il a été possible de rassembler. Des tables abondantes fournissent les indications nécessaires sur les lieux, les personnes et les faits. Tout porte la trace d'une exactitude scrupuleuse, et l'on passe aisément à l'auteur un style négligé et quelque inexpérience des matières archéologiques.

M. Taillandier, dans son *Histoire du château et du bourg de Blandy,* en Brie, a composé une monographie locale, avec ce soin qui épuise un sujet sans pourtant lui attribuer des proportions exagérées. Le château de Blandy, dont il subsiste encore des ruines imposantes, a été successivement possédé par les maisons de Melun, de Harcourt, d'Orléans-Longueville et de Savoie, passant de l'une dans l'autre par une suite d'alliances. La transmission héréditaire ne fut arrêtée qu'en 1707, par la vente que firent au maréchal de Villars les héritiers de la duchesse de Nemours. M. Taillandier, qui trouve au XIIe siècle les premiers actes relatifs à cette propriété, en suit dès lors les vicissitudes, et constate ainsi, par ses savantes recherches, la possession continue de ce domaine pendant environ sept siècles, mettant toujours en relief les épisodes les plus intéressants. La quatrième mention très-honorable revient à M. Tillandier.

La suivante à M. Anatole de Barthélemy, le cinquième élève de l'École des chartes distingué dans ce concours. Il y apporte ses *Mélanges historiques et archéologiques sur la Bretagne*. Cependant il emploie moins l'archéologie, comme le titre l'annoncerait, que la géographie et les études généalogiques, cette fois traitées sûrement, avec une érudition qui vérifie tout et qui sait où puiser les vérifications. Ce n'est qu'une brochure, subdivisée en une dizaine de dissertations, mais toutes d'un intérêt incontestable. Nous signalerons principalement ce qui se rapporte à l'évêché de Tréguier et à l'abbaye de Bégard.

Rarement la numismatique a fait défaut dans ce concours. Nous venons d'en voir déjà une application au Nivernais. Elle est encore représentée très-honorablement ici par M. Morin, auteur de l'ouvrage intitulé : *Numismatique féodale du Dauphiné*. Le sujet, qu'un second titre restreint encore aux monnaies des archevêques de Vienne, des évêques de Grenoble et des dauphins de Viennois, ne comporterait que des proportions assez modestes. L'auteur a enflé sa matière par l'adjonction de tous les documents monétaires qu'il a pu rassembler dans les archives du Dauphiné, sans utilité bien réelle, puisque ces documents abondent précisément à partir de l'époque où l'étude de ces monnaies perd de son caractère scientifique. L'ouvrage, encore augmenté par un luxe inutile de planches (1), est ainsi parvenu à un gigan-

(1) Ces planches seraient moins nombreuses des deux tiers, si l'on n'eût

tesque in-4°. Une telle exubérance devait être critiquée ; heureusement ce n'est pas aux dépens de quelque partie essentielle omise. L'ouvrage est seulement plus que complet, et ainsi moins commode que dans de justes proportions. Les appréciations de l'auteur sont judicieuses ; il nous fait bien suivre le progrès de l'autorité française dans le pays, et le déclin des prétentions d'indépendance que la féodalité fondait sur une accession à l'Empire au IXᵉ siècle.

La septième mention très-honorable récompensera les recherches laborieuses et très-bien dirigées de M. l'abbé Pascal pour rassembler la longue série des évêques de Mende dans le volume intitulé : *Gabalum christianum*. Cette partie de l'histoire religieuse de l'ancien Gévandan ne laisse rien à désirer, et l'autre aurait sans doute atteint la médaille s'il eût fait aussi bien connaître les établissements ecclésiastiques du diocèse ; mais il n'en traite que d'une manière sommaire dans son introduction. A la suite de la biographie des évêques, se trouvait naturellement placée celle du grand pape Urbain V, dont le Gévaudan s'honore comme d'un de ses enfants. Cette notice est conçue dans le meilleur esprit de critique. Nous n'en saurions dire autant du récit abrégé des troubles religieux qui ont ensanglanté le Gévaudan au XVIᵉ, au XVIIᵉ et au XVIIIᵉ siècle. Sans doute, de grands crimes, d'odieux excès furent commis par les protestants des Cévennes ; mais, en ne considérant les mesures violentes de 1702 que comme de justes représailles, l'auteur oublie qu'il

---

espacé à l'excès les gravures des médailles au milieu de grands espaces de papier blanc.

11

est historien, et semble obéir à la passion un peu plus qu'à
la vérité.

Les auteurs pour lesquels nous vous demandons les trois
médailles sont M. l'abbé Cochet, M. Bouthors et M. Alfred
Maury.

L'Académie avait autrefois encouragé par une de ses mentions les plus honorables un premier essai de M. Maury sur
les forêts de la France dans l'antiquité et au moyen âge. Il
nous prouve qu'il a su apprécier cet encouragement. Il a
remis son travail sur le métier, lui a donné tant d'extension
et l'a tellement perfectionné, que, sans la force extraordinaire du concours, ce mémoire, entièrement renouvelé, aurait facilement obtenu la première médaille : et nous devons
à la justice de faire connaître l'hésitation de la Commission
au moment d'assigner leur rang à chacun des trois premiers
lauréats. La topographie des forêts, la législation qui les a
régies aux différentes époques, les changements de culture du
sol, sont traités par M. Maury avec une forte érudition et
une critique judicieuse. Ce mémoire n'est point accompagné
de cartes, mais il en fournit tous les éléments. On y voit dé-
montré jusqu'à l'évidence ce fait, que quelques cartes pour
diverses époques rendront sensible aux yeux, à savoir :
que la marche du *déboisement* suit toujours celle de la civilisation, s'arrêtant quand celle-ci semble sommeiller, ou
même quelquefois revenant en arrière par le *reboisement* de
parties défrichées.

Il était difficile de parler convenablement des forêts des
Gaules sans s'occuper de celles de la Germanie. L'auteur ne

s'est point privé de ce secours ; il en a usé comme il le devait.
Il n'a négligé non plus aucune des questions accessoires qui
se rattachent à son sujet, comme les droits d'usage, le régime des eaux, les bêtes fauves et le gibier de bois, les arbres
célèbres par leur âge ou l'énormité de leurs proportions, etc.
L'état manuscrit du travail comportant des conseils dont on
peut encore profiter, la Commission engagerait M. Maury à
ajouter quelques pages sur l'aménagement actuel et sur les
points où notre sylviculture diffère de celle des temps anciens.

M. Bouthors vous a remis le complément de sa docte et
vaste publication des *Coutumes locales du bailliage d'A-
miens.* Cette dernière partie confirme ce qu'on avait auguré
des premières ; le succès qu'on avait laissé entrevoir à l'auteur, au fur et à mesure de ses envois partiels, se réalise aujourd'hui ; la seconde médaille lui est décernée. Ces coutumes, ainsi publiées, sont certainement un des livres les
plus instructifs qui aient paru sur l'étude intime du moyen
âge. A la suite d'un procès entre la commune d'Amiens et le
lieutenant général du bailliage, toutes les coutumes locales
du bailliage d'Amiens furent recueillies, en 1507, d'après la
déclaration authentique qui en fut faite dans chacune des
châtellenies (1). Or M. Bouthors, en compulsant les archives
de la cour d'Amiens, dont il a la garde comme greffier en chef,

---

(1) Cette mesure était conforme aux lettres données par Louis XII à
Grenoble, le 4 avril 1506 avant Pâques. L'exemplaire qui en est imprimé
dans le *Recueil des Ordonnances*, t. XXI, p. 351, est adressé au bailli de
Touraine ; ce qui prouve que la mesure était générale. On peut donc espérer de retrouver dans les archives de plusieurs autres cours impériales,
des parchemins analogues à ceux qu'a si utilement publiés M. Bouthors.

a retrouvé, dans un état de délabrement plus ou moins avancé, les parchemins originaux de presque toute cette enquête. Son habileté paléographique, sa patience et son érudition en matière féodale lui ont fait déchiffrer ces pièces, témoins irrécusables de l'état du passé, et d'un passé bien antérieur à l'année 1507, date de l'enquête; car la plupart de ces coutumes remontent sans altération au XIIIe siècle. M. Bouthors a décrit minutieusement l'état de chaque parchemin, et il les a répartis topographiquement dans les huit prévôtés, répondant à autant de séries du livre. Chacune est l'objet d'une introduction particulière de l'éditeur, où les questions les plus compliquées du droit féodal sont successivement examinées. Nous ne saurions indiquer ici, même sommairement, ce que ce travail renferme de notions curieuses sur l'état de la société féodale, et même d'utiles renseignements sur maint usage rural encore en vigueur aujourd'hui, comme indispensable au détail de l'application des lois. Ce qui frappe, entre autres observations, c'est de voir combien la fiscalité, s'exerçant pour le compte d'un seigneur, sur un domaine souvent peu étendu, se montrait bizarrement ingénieuse dans le choix des objets à frapper d'impôts.

Il est un de ces droits dont on s'est beaucoup occupé, celui qu'on est convenu d'appeler le droit du seigneur; genre d'impôt dont il est fait mention dans quelques autres documents du moyen âge. Pour en parler d'après M. Bouthors, c'est surtout à son second volume qu'il faut recourir. On y trouve, aux coutumes de la baronnie de Barlin, dans la prévôté de Beauquesne, un passage très-clair, qui explique celui des coutumes de Drucat, dont on avait tiré des conséquences trop fortes. A Barlin, le droit se prélevait, non-seulement sur les serfs, mais sur les possesseurs d'arrière-fiefs, vassaux nobles du seigneur de Barlin, qui lui-même acquittait pa-

reille redevance envers la dame de Humbercourt, dont il
était le vassal (1). Ce droit est désigné dans ces chartes par

---

(1) Voici le passage textuel : « Et sy a un certain droit de cullage qui
est tel : que toutes femmes qui tiennent fiefs dudit seigneur de Barlin,
toutes et quantes fois qu'elles se maryent ou changent de mary, elles ou
leurs dits marys sont tenus paier, assavoir les fiefs, reliefs limités et les
coteries, le VIe denier de la valeur; duquel droit de cullage le dit seigneur
de Barlin est tenu faire pareil droit à madame de Humbercourt. »

On a confondu le droit dont il s'agit avec la taxe des premières nuits,
payée à l'Église. Aux temps les plus fervents, on voyait de nouveaux époux,
par un raffinement de mortification chrétienne, garder la continence les
trois premiers jours de leur mariage. Cette pratique devint une prescrip-
tion, dont les nouveaux mariés pouvaient s'affranchir en achetant une
dispense, comme on faisait pour l'usage du beurre et des œufs en carême.
La force des habitudes religieuses assurait ces impôts ecclésiastiques. Contre les gens qui s'y refusaient l'Église avait ses interdictions, ses censures ;
mais ce n'était pas un droit susceptible d'être réclamé avec poursuites,
exigé par contrainte. Quelques ecclésiastiques qui portèrent cette prétention devant les tribunaux en furent déboutés. Le texte des arrêts est
clair, et ne laisse aucun doute sur la question.

Tout concourt aujourd'hui à démontrer la fausseté de l'anecdote d'un
curé qui voulait *primam habere carnalem sponsæ cognitionem*, et qui présentait cette réclamation à son archevêque. Ce prétendu droit seigneurial,
réclamé par qui ? par un curé ! Et ce curé-seigneur, pour en obtenir la
jouissance, s'adressant où ? à un tribunal ecclésiastique ! On ne saurait ac-
cumuler plus de notions fausses et de contradictions. Il est encore une
preuve indirecte, mais tellement significative, que, fût-elle seule, elle pourrait paraître concluante à qui connaît l'histoire littéraire du moyen âge ;
c'est le silence des fabliaux. On ne peut douter que si ce droit eût existé
comme on le croyait, il leur eût fourni quantité de traits malins, du genre
de ceux qui y sont le plus fréquents. C'est aussi un argument négatif de
grande considération, que le silence des Conciles. Ils se sont élevés avec
force contre des abus moins odieux que ne l'aurait été celui-là. D'après
ce double silence on peut dire que si, dans l'infinie variété des coutumes
du moyen âge, il venait à s'en rencontrer quelqu'une où le droit en

une expression indécente, comme il en est tant dans notre vieux langage; mais là comme dans les autres coutumes on doit voir surtout un double but : impôt à percevoir, droit suzerain à maintenir dans toute sa force. Or l'impôt en question était fructueux; il ne s'appliquait pas à des prolétaires, mais aux tenanciers d'un domaine à titre quelconque. Quant au droit suzerain, on ne pouvait le constater plus fortement que par certaines démonstrations symboliques conformes aux usages du moyen âge dans la plupart des contrats, et qui proclamaient la dépendance féodale, nonseulement des vassaux vivants, mais des vassaux à naître.

Ce droit, dont les modernes se sont beaucoup plus occupés que ceux qui le payaient et ceux qui le percevaient, était donc une taxe et un symbole, rien de plus. La taxe était payée en argent, ou en un présent que l'usage fixait. Le symbole consistait dans certaines cérémonies, qui variaient suivant les lieux et auxquelles on était habitué. Le sénéchal ou le bailli y représentait ordinairement le seigneur, laïc ou ecclésiastique, majeur ou mineur, chevalier ou châtelaine.

Mais, dira-t-on, la force, sous ce régime, n'a-t-elle pu du moins trouver là une occasion, un prétexte pour de honteux excès? Si cette appréhension paraît plausible, c'est par les idées fausses qui sont en circulation sur ce point; mais rien n'est moins probable. Bien d'autres moyens de

---

question se trouvât énoncé comme ayant une portée plus grave qu'un impôt et une déclaration de vassalité, ce serait un fait isolé, une exception sans conséquence.

violence ou de corruption pouvaient être employés. Qui songe à nier qu'il y eût des souffrances et des abus? En ne parlant pas ici de l'influence des idées chrétiennes, qui alors s'interposent partout et avant tout, on peut dire qu'il suffisait de la clairvoyance de l'intérêt pour éloigner la pensée de tourner en dérision insultante un usage fiscal productif, un symbole énergique de la suzeraineté. L'homme ne compromet pas aussi imprudemment les instruments de sa puissance. Enfin l'intention d'introduire dans les coutumes qui régissent des peuples un moyen sournois de satisfaire légalement d'impudiques désirs, aurait été une idée insensée, qu'il n'est pas permis de supposer au régime féodal. S'il eût porté témérairement un tel défi à ce qu'il y a de plus sensible dans les affections de la nature, au lieu de subsister huit cents ans, il n'en aurait pas duré cinquante. Sa durée nous oblige à admettre son bon sens.

La Commission tenait à s'expliquer nettement sur cette question délicate : c'est ce qui nous a entraîné dans ces développements. Nous serons bien plus succinct sur M. l'abbé Cochet, qui nous a paru digne de la première médaille. Il vous est connu, Messieurs, autant qu'aucun autre candidat du concours : vous savez avec quelle persévérance, quelle abnégation, quelle ardeur de zèle, il poursuit depuis tantôt douze ans cette exploration des sépultures des premières époques de notre histoire, sans les ressources de la fortune, ni même celles de la santé; enrichissant partout du produit de ses fouilles les musées normands, et répandant autour de lui le goût et la pratique de ces investigations savantes. L'ouvrage qu'il vous adresse aujourd'hui, sous le titre un peu

ambitieux de *la Normandie souterraine,* est un classement
méthodique de tant de sépultures gauloises, romaines et
mérovingiennes qu'il a explorées. Sans doute la Commission
ne recommande cet ouvrage qu'avec des restrictions for-
melles. M. Cochet nous fait reconnaître les époques des tombeaux, mais non les races différentes de ceux qui y sont in-
humés, comme il le prétend aussi.

Dans ces fouilles de sépultures, tout antiques qu'elles
soient, on peut, sans excessive susceptibilité de conscience,
éprouver certains scrupules sur ce qui pourrait ressembler
à de la profanation. Confiées à un digne prêtre, ces investigations offrent à ce genre de sentiment les plus respectables
garanties. Aussi le conseil général de la Seine-Inférieure, à
qui ces titres de l'abbé Cochet sont si bien connus, lui al-
loue-t-il annuellement un subside, ressource honorable,
mais modique si l'on compare le moyen avec la richesse du
résultat. Le prix qu'il recevra de l'Académie sera tout entier appliqué à ses chères découvertes, et, en apportant une
faible augmentation à ses ressources, il en apportera
une très-grande à son courage, par la nouvelle confiance
qu'il puisera dans cette marque éclatante e votre approbation.

M. de Boissien a complété par un dernier envoi ses *Inscriptions de Lyon,* que vous aviez précédemment honorées
d'une médaille et d'un rappel de médaille. Cette fin est digne
des commencements, et achève de justifier l'appréciation de
l'Académie. M. de Boissieu avait réuni les plus hautes distinctions qu'elle décerne.

Nous pouvons encore accorder un rappel à l'un des stu-

dieux officiers de notre armée d'Afrique, M. Azéma de
Montgravier, déjà honoré d'une médaille à l'un des concours
précédents, et dont l'Académie avait admis le mémoire dans
son recueil consacré aux savants étrangers. Il adresse au
concours un nouveau mémoire sur la *Mauritanie Césa-
rienne*. C'est avec la même sagacité, la même précision, le
même esprit de méthode, qu'il compare les itinéraires, les
écrits des anciens, et les inscriptions découvertes dans la
partie correspondante de l'Algérie, pour déterminer nettement la situation des principaux points, et enrichir de ces
notions précieuses la géographie comparée.

Si, avec un tel travail, M. de Montgravier se présentait
pour la première fois au concours, nous aurions pu, sans
déposséder aucun des trois premiers lauréats, lui offrir une
médaille, celle qu'avait mise à la disposition de l'Académie
un correspondant dont elle déplore la perte récente, le
général Carbuccia. Avec quelle ardeur il partait pour
aller prendre un commandement dans l'armée du Danube,
muni des instructions scientifiques qu'il avait instamment
réclamées de vous! Quelle perte pour la science et pour la
patrie! La médaille qu'il a destinée à récompenser un travail sur l'Algérie lui avait été décernée lorsqu'il y com-
mandait un régiment, avec l'aide duquel il avait recueilli une quantité d'inscriptions et de traces de l'antiquité.
Nous nous rappelons tous quelle impression extraordinaire
il produisit dans la séance où, avec cette chaleur généreuse
qui lui était propre, il nous fit le récit de ses découvertes,
cherchant toujours à s'effacer pour mettre en relief ses officiers et ses soldats. C'est par un sentiment analogue qu'il a

12

laissé cette médaille au concours. L'année où vous la donne-
rez sera pour nous tous, Messieurs, comme gens d'étude et
comme Français, l'occasion de répéter une fois de plus, avec
orgueil et reconnaissance, le nom du brave Carbuccia.

Fait en commission à l'Institut, le 11 août 1854.

Signé : JOMARD, DUREAU DE LA MALLE, HASE, P. PARIS,
VITET, DE LABORDE;

J. B. DE XIVREY, *rapporteur*.

RAPPORT

LU A L'ACADÉMIE DES INSCRIPTIONS ET BELLES-LETTRES,

dans la séance publique du 18 août 1854,

AU NOM DE LA COMMISSION

CHARGÉE D'EXAMINER LES TRAVAUX ENVOYÉS PAR LES MEMBRES
DE L'ÉCOLE FRANÇAISE D'ATHÈNES;

Par M. GUIGNIAUT.

(La Commission était composée de MM. Raoul-Rochette, Hase, Guigniaut, Ph. Le Bas,
H. Wallon.)

MESSIEURS,

Une période de trois ans s'est écoulée depuis que l'Académie des inscriptions et belles-lettres de l'Institut a été chargée par le gouvernement de la haute direction scientifique de l'École française d'Athènes; depuis que la commission, perpétuée annuellement par votre confiance, et si tristement mutilée aujourd'hui, dans la personne de l'illustre archéologue qui était son président, a commencé à vous entretenir, devant le gouvernement lui-même et devant le public savant, des travaux des jeunes membres de cette école, l'une

12.

Double vé

Z

des espérances de l'Université et de l'Académie. Si nous nous reportons un moment en arrière pour mesurer la carrière que nous nous sommes plu à parcourir avec eux, nous devons reconnaître qu'ils ont dignement répondu à votre impulsion comme à notre attente, qu'ils ont patiemment fondé, sous vos auspices, une tradition d'études sérieuses et de recherches souvent approfondies, quelquefois neuves, sur la Grèce, ses monuments et son histoire; que même plusieurs d'entre eux, un surtout, à qui il a été donné d'animer, trois ans durant, ses camarades de son esprit et de ses exemples, ont porté haut et loin le renom de l'École.

Le souvenir de ces exemples, le soutien de cette tradition commencée, mais bien jeune encore, étaient, cette année, doublement nécessaires. Pour la première fois, l'École française d'Athènes se trouvait privée de la salutaire présence d'un de ses vétérans de troisième année; pour la première fois, la seconde année d'études, qui nous devait les fruits de ses travaux de 1853 à 1854, était réduite à deux membres, non agrégés, et qui ne pouvaient avoir, au même degré que la plupart de leurs devanciers, la maturité que préparent les épreuves sévères, que fortifient et développent les graves devoirs dont l'exercice de l'enseignement public est précédé ou accompagné. L'élan donné, le zèle, le sentiment de l'honneur de l'École, y ont suppléé, en partie du moins, chez MM. Reynald et Lebarbier, et leur ont prêté la force nécessaire pour résister à l'entraînement des circonstances imprévues qui sont venues les assaillir, des distractions inévitables au milieu desquelles ils ont vécu, cette dernière année.

Nous vous disions, il y a moins d'un an, à pareil jour, que M. Lebarbier avait repris, avec une ardeur qui paraissait ne

devoir pas être sans succès, les traces de M. Victor Guérin dans
l'île de Patmos, et surtout dans la bibliothèque du monastère
de Saint-Jean; que M. Reynald, de son côté, avait commencé
des études sur Salamine et les îlots tous célèbres de son
golfe fameux. Le résultat de ces études nous a été d'abord
transmis par M. le ministre de l'instruction publique, dans
un mémoire de cinquante pages, que nous ne pouvons consi-
dérer que comme un prélude, et tout au plus comme un
essai de première année. Non pas que nous n'applaudissions,
en général, à ce genre d'essais, et que nous ne les provoquions
même, ainsi que nous l'avons déjà fait, comme d'utiles exercices et comme des justifications nécessaires pour cette première année; mais nous voudrions les voir porter sur des
sujets à la fois plus neufs et plus positifs de topographie,
d'archéologie et d'épigraphie. Il y a tant de questions encore,
de problèmes intéressants à examiner, à résoudre, soit à Athènes même, soit autour d'Athènes, de localités à explorer, à
déterminer, de monuments à découvrir et à expliquer, sur
le continent ou dans les îles, tout en faisant son apprentis-
sage de membre de l'École, et pour le mieux faire, que ce
n'était vraiment pas la peine de nous raconter encore une
fois, d'après Eschyle et Hérodote, la bataille de Salamine,
sans pouvoir espérer d'atteindre, à moins de les copier, à la
poésie éloquente et diverse de leurs récits, et sans y appliquer, avec plus de sûreté qu'on ne l'a fait, les règles de la
critique historique ou les données de la géographie comparée. Nous eussions préféré à un jugement au moins hasardé
sur Thémistocle, qui, après tout, sauva la Grèce, et par elle
l'avenir du monde civilisé, et même à certains détails plus ou
moins curieux sur la guerre de l'indépendance, des recher-

ches à peine indiquées sur le moyen âge byzantin ou franc de
Salamine. Rien de nouveau non plus dans la description de
l'église de la Vierge surnommée *Phaneromeni*, le seul monument debout dans l'île, et si moderne, puisqu'il date de la
fin du XVIIe siècle, mais dont les murs, entièrement peints,
offrent dans leurs innombrables figures les caractères tradi-
tionnels de l'art chrétien de Byzance. Des fouilles bien ins-
pirées, vers Ambelakia et la capitale ancienne de l'île, eussent pu ajouter quelques inscriptions à celles qui ont été
publiées depuis M. Bœckh jusqu'à M. Ph. Le Bas; mais
M. Reynald s'est modestement borné à faire un choix dans
les savants recueils de ces deux maîtres.

Puisque le jeune membre de l'École d'Athènes avait conçu
la pensée de traiter le grand sujet proposé par vous,
Messieurs, plusieurs années de suite, et qu'une fortune ennemie a ravi successivement à deux de ses prédécesseurs,
(il le rappelle lui-même avec un douloureux souvenir que
nous partageons), peut-être eût-il bien fait de s'y préparer à
l'avance, et d'y consacrer à la fois tout son temps et toutes ses
forces. Ce n'était pas trop pour remplir dignement le programme que vous aviez ainsi tracé, sur notre initiative :
« Étudier la topographie de Delphes, du Parnasse et des environs, décrire la contrée et les monuments dont elle recèle
les ruines, et faire l'histoire de la ville, du temple et de l'oracle d'Apollon, tant par les relations des auteurs et les documents de toute sorte qui ont été publiés, surtout les inscriptions, que par des recherches nouvelles entreprises sur
place. » Vous indiquiez, en ce peu de mots, les moyens, la
méthode, et vous marquiez du même coup le but. La question qui concerne Delphes, ses monuments et son oracle, est

sans contredit la plus importante que présente l'archéologie de
la Grèce, après celle d'Athènes. Si cette ville fut la capitale intellectuelle de l'antiquité, on peut dire que Delphes, à beaucoup
d'égards, en fut la capitale religieuse. Sans doute elle n'était
pas, comme se la figuraient les Grecs avec Pindare, l'*ombilic* de
la terre ; mais elle était certainement par sa position géogra-
phique, en quelque sorte culminante, comme par le caractère
élevé, général, et par la vaste influence de ses institutions, le
centre du monde hellénique. Les beautés sévères, imposantes,
de la nature, y rivalisaient avec la magnificence des chefs-
d'œuvre de l'art, fondés ou réunis autour de la grotte de la
Pythie, espèce de métropole spirituelle du paganisme, par la
piété de tous les peuples grecs et même des rois étrangers. Et cependant, il n'y a pas longtemps encore, nul lieu un peu célèbre
de la Grèce antique n'était enseveli dans une plus profonde
obscurité pour nous. Ce n'est que de nos jours, et depuis quinze
ou vingt ans surtout, qu'il a commencé à être éclairé d'une
lumière croissante, par les descriptions, les fouilles, les découvertes du savant colonel Leake, de feu M. Ulrichs, professeur
à l'Université d'Athènes, de l'immortel O. Müller, et des com-
pagnons qui lui ont survécu, M. Curtius entre autres, enfin
par les observations mêmes de plusieurs membres de cette
Académie. Vous aviez voulu que les résultats de ces recherches fussent rapprochés, comparés, vérifiés par une étude
nouvelle des localités, enrichis, s'il était possible, par des
fouilles, comme celles qui avaient été instituées sous la direction de Müller ; vous aviez voulu, avant tout, que le pays si
remarquable, et les ruines si malheureusement éparses et
mutilées, fussent exactement, complétement décrits, dans
leur état actuel. Quant aux développements historiques, ils

ne devaient être que le corollaire ou le commentaire, tout à fait positif, des renseignements fournis par les auteurs anciens, et surtout par les monuments originaux, tels que les inscriptions. Voyons ce qu'a tenté, ce qu'a pu exécuter M. Reynald pour satisfaire à ces différentes conditions.

Il nous a envoyé tard, bien tard, par l'intermédiaire de M. le ministre de l'instruction publique, un mémoire assez considérable par le volume, et qui ne renferme pas moins de cent trente pages in-folio, d'une écriture serrée, beaucoup trop difficile à lire, souvent même très-incorrecte, principalement pour les noms géographiques, pour les noms propres, et pour les textes, d'ailleurs assez rares, qui sont cités par l'auteur. Il y débute, comme il le devait, par une description de la contrée naturelle qui renferme Delphes avec Crissa et Cirrha, aujourd'hui Kastri, Chryso, et assez probablement Magoula, depuis le versant sud-ouest du Parnasse et les rochers appelés Phédriades, jusqu'à la mer et au golfe actuel de Galaxidhi. Cette description nous a paru exacte, elle est généralement conforme à celle de M. Ulrichs; mais nous l'eussions désirée plus précise encore, plus soignée dans les détails, plus claire, et de cette clarté qui, n'excluant pas le pittoresque, fait l'intérêt de la topographie. Le défaut d'une carte s'y fait d'autant plus sentir que l'on ne peut se former, par le récit, une idée nette de la route qu'a suivie M. Reynald dans son exploration. Il signale, non-seulement les accidents du terrain, mais les ruines qu'il rencontre dans toutes les directions, et qui ont dû lui faire regretter bien des fois de n'être pas accompagné d'un artiste qui les eût dessinées avec les sites eux-mêmes. Nous avons remarqué avec douleur qu'il insiste à plusieurs reprises sur la disparition d'un certain nombre des plus précieux débris qu'avaient relevés ses devanciers, et même de constructions importantes, comme le mur de soutenement du temple au sud, que vit encore M. Le Bas en 1844, et sur lequel, après O. Müller et M. Curtius, il copia ces nombreuses inscriptions d'affranchissements d'esclaves, qui remontent jusqu'au IIIe siècle avant Jésus-Christ, non pas seulement au temps des empereurs, comme paraît le croire M. Reynald. Les maisons modernes de Kastri ne s'étendent, ne se multiplient qu'aux dépens des restes de l'antiquité, qui en fournissent trop souvent les matériaux, et qu'on retrouve à chaque pas encastrés dans les murs de ces maisons. Espérons toutefois que des recherches ultérieures, et surtout des fouilles, que le jeune voyageur invoque lui-même, compenseront celles de ces pertes qui peuvent être réelles.

Au lieu de maltraiter Pausanias, que nous sommes trop heureux d'avoir encore, et qui nous tient lieu de tant d'autres périégètes, non pas plus savants peut-être, mais plus anciens, M. Reynald eût bien fait de suivre de plus près ce guide en général si fidèle, surtout quand il entreprend, comme il le dit, avec son aide, de restituer la colline et les monuments de Delphes, déjà ruinés en partie de son temps, mais si différents de cette complète désolation d'aujourd'hui, qui permet à grand'peine d'en retrouver les vestiges. Les accidents du sol, si multipliés, si fortement caractérisés, et qui ont persisté, par la puissance de la nature, quand tout changeait autour d'eux de ce qu'avaient fait les hommes, sont encore ici nos meilleurs guides, et c'est par eux, c'est par les fontaines prophétiques de Castalie, de Cassotis, de Delphoussa, que nous parvenons à nous orienter, à fixer les indications

13

des anciens, à déterminer les environs, la position, l'enceinte sacrée du grand temple d'Apollon à Delphes, avec les nombreux édifices, théâtre, portiques, autels, prytanée, etc., qui s'y pressaient, avec le stade, le gymnase, le lieu de l'assemblée des Amphictyons, les tombeaux non moins remarquables que les temples secondaires, qui s'en éloignaient à de courtes distances. Mais les trois mille statues qui existaient encore au temps de Pline, et dont Néron enleva cinq cents en un jour, pour se venger d'avoir été repoussé par la Pythie, comme par la conscience du genre humain, nous les cherchons vainement, ainsi que les innombrables offrandes des peuples, des cités, des rois et des particuliers, et ces *trésors* qui les recélaient çà et là, renfermés avec elles dans le péribole du grand temple. Le feu sacré qui devait y brûler éternellement s'est éteint; mais le laurier sacré a poussé jusqu'à nos jours des rejetons, et l'eau de Cassotis coule encore tout près, sous le nom de fontaine de Saint-Nicolas; nul doute même que la grotte mystérieuse d'où partaient, au plus profond du sanctuaire d'Apollon, ces oracles qui gouvernaient la Grèce, ne se retrouvât, à défaut du trépied de la Pythie, si l'on pouvait creuser sous l'église qui occupe aujourd'hui cet emplacement. M. Reynald n'a rien tenté, ni pu tenter de pareil, et il se borne à décrire avec ce Pausanias qu'il dédaigne trop, avec Plutarque et avec les archéologues modernes, le temple et le territoire sacré, comme il avait fait la contrée de Delphes. Nous partageons vivement le regret qu'il éprouve de n'avoir pu, à raison des neiges et déjà même des circonstances politiques, suivre dans la montagne, par delà les Phédriades, la route qui l'aurait conduit à l'antre Corycien et aux ruines de l'antique Lycorée, sur la cime du

Parnasse. En la rapprochant de l'Apollon Lycéen, d'une part, de Lycosoura sur le mont Lycée d'Arcadie, et du Jupiter Lycéen, d'autre part, en sondant les vieilles traditions et des symboles plus vieux encore, comme celui du loup, qui se retrouve dans les deux pays et dans les deux cultes, en s'aidant des découvertes faites en Asie Mineure et en Étrurie, il eût pu instituer une discussion intéressante, et arriver à des conclusions plus précises et plus neuves sur les origines de la religion et de l'oracle de Delphes.

M. Reynald a mieux aimé nous raconter, à la suite de sa périégèse, l'histoire même de Delphes et celle de son oracle, qui ne pouvaient offrir rien de bien nouveau, s'il ne parvenait à y faire entrer quelques résultats, quelques inductions, qu'une critique élevée et savante tirera quelque jour de l'étude des monuments, et surtout de celle des inscriptions, comparées aux récits des historiens. Pour tenir lieu de recherches personnelles, qui eussent concouru à préparer cette œuvre que nous nous plaisons à entrevoir, et qui pourrait jeter des lumières nouvelles sur l'histoire générale de la Grèce, plus aisée à écrire qu'à refaire, quoi qu'on en ait pu dire, il s'est contenté de placer, après sa trop rapide, trop superficielle et trop incomplète histoire de l'oracle de Delphes, une traduction pure et simple de la partie de l'histoire des Doriens d'O. Müller, qui concerne le culte d'Apollon, ses origines et ses développements. Quelque mérite que puisse avoir en elle-même cette traduction, il nous est impossible de ne pas faire ici deux remarques : d'abord, que c'est un hors-d'œuvre, qui pouvait tout au plus entrer dans les travaux préparatoires de la question que nous avions proposée; ensuite, que le temps qu'y a donné

13.

M. Reynald eût été beaucoup plus utilement employé à compléter ces travaux préparatoires ou à approfondir la question elle-même, soit sur les lieux, soit dans les textes. Nous sommes loin de dédaigner, de rabaisser les recherches, les idées et même les hypothèses de l'Allemagne savante, surtout quand elle est représentée par des esprits de la trempe d'O. Müller, et par des explorateurs de l'antiquité dévoués comme lui à son culte jusqu'à la mort; mais, à Athènes, en Grèce, il faut avant tout suivre leurs exemples, et ne se servir de leurs livres que pour en profiter, pour les continuer et pour les réfuter au besoin, quand ils s'égarent faute d'avoir suffisamment étudié les faits ou pour en avoir tenu trop peu de compte. C'est ce qui fait que nous applaudirions davantage à un autre appendice du mémoire sur Delphes, concernant les inscriptions qui y ont été recueillies, si cet appendice nous fût parvenu complet, et si, à en juger par la troisième partie, la seule qui nous ait été envoyée, et qui traite des monuments épigraphiques relatifs aux affranchissements d'esclaves, l'auteur eût fait autre chose qu'extraire les travaux antérieurs, et notamment les belles recherches de M. Wallon dans son ouvrage sur l'esclavage ancien.

Après les deux mémoires ou les deux compilations, intéressantes pourtant, de M. Reynald, surtout la dernière, et quoiqu'elle laisse à l'étude pour les membres de l'École d'Athènes, il faut le déclarer, ce grand sujet de Delphes, M. le ministre de l'instruction publique nous a envoyé plus tard encore, par la seule faute des circonstances extraordinaires dont la Grèce et l'Orient sont devenus le théâtre, un travail prévu de M. Lebarbier. Ce travail, par sa nature, par son sujet, au-

tant que par l'esprit dans lequel il a été traité, forme, avec
ceux dont nous venons de vous entretenir, un très-frappant
contraste. C'est, en principe, une continuation de la question
de Patmos, que nous avions nous-mêmes indiquée et provo-
quée lorsque nous rendions compte, l'an dernier, du mémoire estimable de M. V. Guérin, qui n'en avait guère dé-
veloppé que la partie topographique, et, en quelque façon,
statistique. M. Lebarbier s'est attaché à élucider la partie, de
beaucoup plus importante, qui concerne les actes diploma-
tiques et historiques aussi célèbres que peu connus encore,
qu'on appelle les *bulles d'or*, et qui sont, ici du moins, les
originaux mêmes des édits de fondations, donations ou
concessions, rendus par les empereurs de Constantinople
en faveur de divers monastères, notamment celui de Patmos.
On ne saurait croire tout ce que ces pièces, parfaitement authentiques, peuvent répandre de lumières, non-seulement
sur l'origine, les développements, l'influence de ces monastères, qui tiennent une si grande place dans le moyen âge
byzantin, mais sur la géographie, sur l'histoire politique et
ecclésiastique, sur les institutions, l'administration, les
mœurs et l'esprit du Bas-Empire. Il suffit, pour s'en convain-
cre, de jeter les yeux sur les quatorze bulles que M. Lebarbier est parvenu à obtenir, non sans efforts et sans sacrifices, de
l'higoumène ou prieur du couvent de Saint-Jean, et qu'il nous
a transmises soigneusement copiées, collationnées, revues,
précédées chacune d'une analyse paléographique et historique, suivies d'une traduction généralement très-intelligente
et très-fidèle, et accompagnées d'annotations savantes, où
il a fait preuve, ainsi que dans ses introductions, d'un
jugement aussi élevé que ferme et sûr. De ces bulles, qu'il

avait d'abord portées au nombre de seize, parce que plusieurs se confondent aisément avec les copies qui en ont
été faites et que renferme le même coffre (ce qui pourrait
bien expliquer en partie les quarante dont avait parlé
M. Ross), la plus ancienne est de Nicéphore Botaniate, de
l'an 1079 de notre ère, assurant l'indépendance absolue du
monastère de Cavalouri ou du Précurseur, dans la presqu'île
de Strovilo, sur le continent de l'Asie Mineure, en face de Cos.
Elle fut donnée à Christodoulos, le grand réformateur de la
vie monastique en Orient, qui ne se lassa jamais, dit M. Lebarbier, par ses conseils et par ses exemples, de remettre en
honneur dans les monastères le travail et la pureté des
mœurs, et qui fait, en quelque sorte, l'unité de toutes ces
bulles. La deuxième est du même empereur, et de l'année
suivante 1080, garantissant la subsistance et la liberté du
monastère du mont Dikion, fondé par Arsenios Skinouris
dans l'île de Cos, après qu'il eut donné le monastère de Cavalouri et les biens qui en dépendaient à Christodoulos. Les cinq
qui viennent ensuite ont été concédées par Alexis Comnène,
ce grand promoteur des couvents et de la vie monastique, de
1085 à 1119. La cinquième, de 1088, est la bulle de fondation
du monastère même de Patmos, avec donation de l'île entière
à Christodoulos, en échange de ses propriétés de l'île de
Cos, pour lesquelles le couvent de l'Immaculée mère de Dieu
était sans cesse en guerre avec ses voisins. Cette bulle, déjà
publiée plusieurs fois, mais revue et complétée par une col-
lation scrupuleuse des copies avec l'original, est remarquable à tous égards, et fortement empreinte du génie propre du
fondateur de Patmos aussi bien que de l'esprit du temps.
Non-seulement Christodoulos a fait choix du rocher stérile et

solitaire de l'Apocalypse, ce livre qui frappa si vivement les imaginations orientales, afin de séparer entièrement ses moines du monde et de les condamner au travail entre le ciel et ce rocher ; mais il veut que son couvent, devenu comme un petit monde sous l'autorité unique et absolue de son chef, soit indépendant et de l'empire et de l'Église elle-même. Voilà ce qu'il demande à Alexis Comnène, et ce que l'empereur lui accorde sans nulle difficulté, consacrant dans sa bulle les dispositions capitales de la règle du monastère, le déclarant indépendant de toute autorité, même de la sienne, ainsi que l'île, domaine exclusif du couvent. « Cette bulle nous montre donc à la fois, dit M. Lebarbier en judicieux historien, et l'esprit qui présida à la nouvelle fondation, et celui de la cour de Byzance. Christodoulos, qui n'a rencontré partout que corruption, fonde un ordre sévère qu'il isole de la société, mais pour lequel il exige une absolue indépendance. La cour byzantine corrompue, mais tenant toujours aux formes et au langage de la religion, s'empresse de souscrire à la réformation des monastères, et elle ne craint pas d'abdiquer tout pouvoir sur eux, et d'entrer de plus en plus dans la voie d'un morcellement politique funeste. Mais allons plus loin, nous verrons encore ce gouvernement trahir sa mauvaise organisation et faire l'aveu de ses vices. Nous verrons à quels dangers échappe Christodoulos en échappant à l'empire ; nous jugerons encore une fois des maux qui frappaient les peuples par ceux qui sont épargnés au couvent. L'île de Patmos sera exempte d'abord de cette foule d'impôts multiformes qui sont levés dans l'empire sous les noms de don des corbeilles, décime sur toute chose achetée, impôt mobilier, pacton, aeria, etc. On

ne lui demandera pas de loger et de nourrir les chefs militaires et civils, juges, notaires, contrôleurs, percepteurs
d'impôts, ambassadeurs de passage, en un mot, tous les officiers impériaux; de loger et de nourrir les troupes, et parmi
elles on compte, outre les troupes nationales, une foule diverse de Russes, Warangiens, Francs, Angles, Bulgares, Sar-
rasins. Elle sera dispensée de l'obligation d'approvisionner
les places fortes, de toutes réquisitions d'ânes, mulets, che-
vaux, *bœufs de labour*, blé, vin, huile, miel, etc.; de l'é-
quipement des matelots, des fantassins, des cavaliers; de
toute corvée; de l'entretien des routes, ports, forteresses, etc.
L'édit impérial entre dans un déplorable détail, et il résume
cette longue énumération par ces mots qui condamnent l'empire : « L'île de Patmos sera libre de toutes les vexations et
violences, tant de celles qui ont lieu aujourd'hui que *de
celles qu'on imaginera dans l'avenir.*

« Et pour exercer toutes ces vexations, quelle foule de
fonctionnaires! Secrétaires, logothètes des finances et de la
guerre, gardiens de notre trésor et du vestiaire, économes
des saintes demeures, préposés aux domaines impériaux,
directeurs des hospices et des établissements d'orphelins
(ceux-ci du moins montrent que la charité publique était
pratiquée dans l'empire), préposés à la garde de notre
sacré trésor impérial, intendants particuliers des domaines
libres de la couronne, intendants du matériel, tels sont les
grands officiers de l'empire. Au second rang : protonotaires,
logariastes, chartulaires, notaires impériaux et simples notaires. Les bulles suivantes allongeront encore cette liste infinie
de fonctionnaires, qui tous pouvaient opprimer, puisque la
défense d'opprimer Patmos leur est faite à tous. L'adminis-

tration impériale, fondée par Dioclétien, était devenue le
fléau de l'empire. »

Les bulles qui suivent témoignent à la fois de l'influence
croissante des moines de Patmos à Constantinople, et de l'extension territoriale qu'ils reprennent bientôt, soit sur les
côtes d'Asie Mineure, soit dans les îles, même dans celle de
Crète, après avoir paru vouloir se concentrer sur le rocher
de Saint-Jean. Partout ils obtiennent les mêmes priviléges
qui leur avaient été conférés à Patmos ; partout ils entrent
en possession et des terres et des hommes, des *Pariki* et des
Proscathimeni, véritables serfs attachés à la glèbe, en Orient
comme en Occident, si bien que tous les priviléges reconnus
aux maîtres aboutissaient finalement à l'esclavage des sujets,
au moins d'une partie d'entre eux. Une bulle de Jean Comnène,
de 1119, confirme celles de son père, et y ajoute de nouveaux
bienfaits. Même après la division de l'empire entre les Grecs
et les Latins, sous les empereurs de Nicée et de Trébizonde,
le monastère de Patmos agrandit ses propriétés en Asie, sur
les bords du Méandre et ailleurs. Les Lascaris, les Paléo-
logues ne lui sont pas moins favorables que les Comnènes. Le
vœu du saint fondateur Christodoulos, celui du premier et
pieux donateur Alexis, qui, de concert, avaient interdit aux
moines toute acquisition hors de l'île, sont complétement
éludés. Les bulles d'Andronic l'Ancien et d'Andronic le Jeune,
de la fin du XIIIᵉ siècle et du commencement du XIVᵉ, jusqu'en l'année 1321, qui est la date du dernier de ces précieux documents exhumés par M. Lebarbier, en fournissent
les preuves convaincantes.

Vous entrevoyez, Messieurs, ce que pourra devenir avec le
temps le travail, déjà si considérable et si méritoire, de ce

14

jeune érudit, qui continue, en ce moment même, ses recherches à Constantinople, où la protection éclairée et efficace
du gouvernement de l'Empereur lui a fait ouvrir les archives
de la chancellerie ottomane et les dépôts publics. Il y trouvera, sans aucun doute, des pièces nombreuses, qui, réunies
à celles qu'il possède et aux documents connus, lui fourni-
ront tous les matériaux nécessaires pour écrire une histoire
authentique de ces monastères d'Orient, qui offrent avec les
nôtres bien des analogies, mais des différences plus frappantes
encore, et qui ont joué un rôle si singulier et si important dans l'empire byzantin. C'est pour aider à ce louable
dessein, c'est pour reconnaître les efforts et le succès réel
des premiers travaux de M. Lebarbier, que nous n'hésitons
pas à vous proposer d'en témoigner publiquement votre approbation à M. le ministre de l'instruction publique, et
d'assurer ainsi à ce digne jeune homme la distinction qu'ont
obtenue plusieurs de ses devanciers, et qu'il ne mérite pas
moins qu'eux, de passer une troisième année à l'Ecole d'A-
thènes. Il a contribué beaucoup, dans l'année qui achève de
s'écouler, à la maintenir, en dépit de bien des obstacles, à la
hauteur de ses devoirs et de sa réputation commencée. Nous
avons la confiance que ses bons exemples seront courageu-
sement suivis par MM. Boutan, Delacoulonche et Fustel de
Coulanges, qui étudient, en ce moment, sur le continent de
la Grèce et dans les îles, quelques-unes des questions proposées par vous; nous avons l'espoir fondé que des travaux de
plus en plus sérieux éclaireront tant de points demeurés
obscurs pour la géographie, pour l'histoire, pour l'archéologie de l'art, sur cette terre classique qui a gardé le privi-
lége d'inspirer et de mûrir les jeunes esprits.

Cette heureuse inspiration, cette vertu, en quelque sorte, fécondante du séjour de la Grèce n'a pas cessé, Messieurs, d'animer, cette année encore, sur notre terre de France qui lui doit tant, les prédécesseurs de ceux dont nous venons de vous entretenir. Ainsi, M. Beulé, avec l'activité et l'énergie qui le distinguent, a commencé et terminé, en deux volumes qui resteront, la publication de ce grand mémoire, où nous avions annoncé un livre digne du sujet, sur l'*Acropole d'Athènes et ses monuments*. M. Hanriot a publié également, dans un recueil estimé, un mémoire lu devant vous sur l'*Emplacement de l'Agora d'Athènes*, qui a obtenu les honneurs, non-seulement d'une discussion intéressante de la part des archéologues divisés de l'Académie, mais d'une réfutation en forme d'un des plus éminents parmi eux. Ce procès vivement débattu, et toujours pendant, à certains égards du moins, sera, nous l'espérons, renvoyé des deux parts au tribunal du public savant. M. Émile Burnouf nous a envoyé de Toulouse un autre mémoire, dont la lecture a été autorisée et commencée, sur une exploration très-attentive et très-complète qu'il fit, il y a quelques années, de l'isthme et des ruines qui y subsistent, dans un *Voyage d'Athènes à Corinthe*, dont les résultats ont été fixés, comme il le faudrait toujours, par une carte et par un plan exécutés avec une habileté toute particulière. M. le ministre de l'instruction publique, d'après le vœu que vous aviez exprimé, a fait publier dans les Archives des missions, qui sont devenues en partie celles de l'École française d'Athènes, une excellente *Description de la Laconie et de Sparte*, par M. Mézières, et un ingénieux *Mémoire sur l'île d'Égine*, par M. About, dont nous vous avions rendu compte en 1851 et 1853.

14.

Enfin, M. Ch. Benoît a publié en son propre nom, avec
une confiance légitimée par les suffrages de l'Académie française et par un jugement d'une si grande autorité, son *Essai
historique et littéraire sur la comédie de Ménandre*, et, pour
le rendre plus digne encore et de ses juges et de son sujet, il
y a joint, non-seulement le texte de la plus grande partie des
fragments du poëte, mais encore des *notes*, comme sa modestie les appelle, si pleines d'érudition et de saine critique
qu'il eût pu sans crainte vous les présenter à vous-mêmes
comme de véritables mémoires, l'histoire littéraire de l'antiquité, d'ailleurs, n'étant pas moins de votre domaine que
l'histoire littéraire de la France, glorieusement continuée
dans votre sein.

Vous le voyez, Messieurs, nous ne nous étions pas trop
engagés lorsque nous vous disions qu'il se formait peu à peu,
dans l'École d'Athènes, une tradition de fortes études, de
travaux sérieux et divers, puisés aux sources vives et des temps
et des lieux, qui prendraient un jour leur rang dans la science,
dans les lettres, et qui pourraient avoir leur part d'influence
sur l'avenir de l'érudition comme sur celui du haut enseignement dans notre pays. Le gouvernement n'en est pas moins
convaincu que nous; il a les yeux sur l'École d'Athènes, dont
les membres, même les plus jeunes, se sont fait remarquer
par la fermeté calme et intelligente de leur conduite, par
leur vif sentiment de l'honneur de la France, par leur atta-
chement à la grande cause de la civilisation européenne, autant que par la persévérance de leurs travaux et par l'exact
accomplissement de tous leurs devoirs dans les conjonctures
difficiles, quelquefois menaçantes, qu'ils ont traversées. La
récompense ne manquera ni à leur conduite ni à leurs suc-

cès, et c'en est une déjà qu'ils sauront apprécier, que de voir, par une mesure récente de M. le ministre de l'instruction publique, l'École française d'Athènes replacée au rang que lui voulut donner son fondateur si bien inspiré, entre l'École normale, qui est encore et qui restera, nous l'espérons, sa féconde pépinière, et les Facultés qui marquent le but où elle doit tendre, que déjà même elle a atteint par quelques-uns de ses plus anciens et de ses plus dignes membres. Nous aimons à prendre acte, au nom de l'Académie, de cette mesure vraiment réparatrice, qui aidera, avec le temps, au développement, à la solidité de l'enseignement supérieur, de l'enseignement si bien nommé académique, source et règle à la fois, le gouvernement le proclame lui-même, de tout enseignement digne de ce nom.

QUESTIONS PROPOSÉES

A L'ÉCOLE FRANÇAISE D'ATHÈNES POUR 1854-1855.

Les sujets d'explorations et de recherches proposés, en 1854, aux membres de l'École française d'Athènes, pour la seconde année d'études, conformément au décret du 7 août 1850, sont les suivants :

Questions déjà proposées en 1852 et 1853, et qui restent à l'étude, indépendamment de la question de Delphes, qui pourra être reprise :

1° Décrire l'île de Lesbos; rectifier la carte qui se trouve dans Plehn (*Lesbiacorum liber, Berolini*, 1826, in-8°); compléter les notices données sur cette île par Tournefort, Dapper, Pococke, Richter et M. de Prokesch; explorer enfin les restes des villes anciennes, surtout de celles dont la position est encore incertaine, telles que Ægirus, Agamède, Hiéra, Métaon, Napé et Tiaræ.

2° Explorer la contrée comprise entre le Pénée, le golfe Thermaïque, l'Haliacmon, et les chaînes qui séparent l'Épire de la Grèce orientale; chercher à pénétrer dans les hautes vallées du mont Olympe, et décrire surtout, dans la partie de la Thessalie et de la Macédoine qu'on vient d'indiquer, les localités que M. le colonel Leake (*Travels in northern Greece*) n'a pu visiter.

L'Académie désire que ce travail, ayant pour objet la géographie comparée, l'épigraphie et l'archéologie, soit, autant que possible, la continuation de celui que M. Mézières a envoyé, en 1852, sur la Magnésie, le Pélion et l'Ossa.

3° Recueillir en un corps d'ouvrage tout ce que les auteurs anciens ont rapporté de relatif à l'histoire, aux institutions religieuses et politiques, générales ou particulières, aux mœurs et coutumes des peuples de l'antique Arcadie.

4° Rechercher au nord d'Iasos, en Carie, le mur désigné par M. Texier (*Asie Mineure*, t. III, pl. 147-149) sous le nom de *Camp retranché des Lélèges*, en suivre le développement jusqu'au point où il s'arrête, en dresser le plan, en signaler les principaux caractères, chercher à en détermi-

ner la destination, vérifier enfin s'il ne se rattacherait pas à
un système de défense qui aurait eu pour objet de mettre le
temple des Branchides à l'abri des attaques des Cariens.

5° Étudier, totalement ou partiellement, la géographie
physique et la topographie des îles voisines de la Thrace,
c'est-à-dire Lemnos, Imbros, Samothrace et Thasos, en relever les antiquités, en suivre l'histoire depuis les temps anciens jusqu'à nos jours, recueillir les vestiges des exploitations métallurgiques qui y ont eu lieu, et décrire l'état actuel
de ces îles.

Questions proposées pour la première fois :

6° Déterminer, en reprenant les traces du colonel Leake,
de feu Puillon-Boblaye, de M. Curtius, et en approfondissant
l'exploration générale faite par M. Beulé, en 1850, la position
des principales villes de l'ancienne Triphylie du Péloponèse,
spécialement d'*Epeum;* rechercher le nom, l'origine, le véritable emplacement de cette antique forteresse; en étudier,
en décrire et en dessiner les ruines si remarquables et si
bien conservées.

7° Faire une exposition aussi détaillée, aussi exacte et
aussi complète que possible, de la topographie, des antiquités
et de la géographie comparée de l'île de Chios, en étudiant
les localités, en consultant les auteurs, en s'aidant des traditions et des ruines, en profitant, mais avec mesure et critique, des travaux modernes, notamment de ceux de Poppo,

de Coray, de Kofod-Witte, d'Eckenbrecher, et en donnant une attention particulière à l'état de l'île pendant le moyen âge byzantin, vénitien et génois.

PARIS. — TYPOGRAPHIE DE FIRMIN DIDOT FRÈRES, IMPRIMEURS DE L'INSTITUT IMPÉRIAL, RUE JACOB, 56.

www.ingramcontent.com/pod-product-compliance
Lightning Source LLC
Chambersburg PA
CBHW060838250626
47162CB00005B/2104